mit kindern leben

Herausgegeben von Bernhard Schön
und Bernd Gottwald

Zu diesem Buch

Experten sind sich einig, dass fünf Prozent aller Grundschüler Legastheniker sind und 20 Prozent Schwierigkeiten mit der Rechtschreibung haben. Rechtschreibung ist nach wie vor ein wesentliches Selektionsinstrument für die weiterführenden Schulen. Kein Wunder, dass Mütter und Väter Druck machen, wenn es beim Diktat nicht klappt. Sie suchen nach einer Methode, die ihnen und ihren Kindern nützt und möglichst nicht so teuer wie ein Nachhilfeinstitut ist. Detlef Träbert hat in seinem Schulberatungsservice (Schubs®) ein Schritt-für-Schritt-Programm für zu Hause entwickelt, das nicht nur Legasthenikern, sondern allen Kindern mit Rechtschreibschwierigkeiten hilft. Es zeigt der Trainerin (Mutter), wie sie ihr Kind optimal unterstützt, und dem Kind, wie es sinnvoll übt. Kein Wunder, dass die Selbsthilfemethode zum Renner bei Eltern geworden ist.

Detlef Träbert

Richtig schreiben lernen

• Die Schritt-für-Schritt-Selbsthilfemethode
• Erfolgreich gegen Rechtschreibschwäche
• Für alle Altersstufen

Rowohlt Taschenbuch Verlag

rororo Mit Kindern leben
und

die Deutsche Liga
für das Kind

Partnerschaft für Eltern, Kinder und Familie

Für Hiltraud Prem

Originalausgabe
Veröffentlicht im Rowohlt Taschenbuch Verlag,
Reinbek bei Hamburg, April 2004

Redaktion Bernhard Schön
Umschlaggestaltung any.way, Martina Kloke
Fotografie (Titel) PhotoAlto,
(Rückseite und Innenteil) Angelika Salomon
Reihenlayout Christine Lohmann
Gesamtherstellung Clausen & Bosse, Leck
Printed in Germany
ISBN 3 499 61720 X

Die Schreibweise entspricht
den Regeln der neuen Rechtschreibung.

«Körperlose Kopfarbeit,
die findet in der Schule ohnehin statt.
Was fehlt, ist immer noch der Mensch,
vom Hals abwärts.»
(Ulf Preuss-Lausitz)

Inhalt

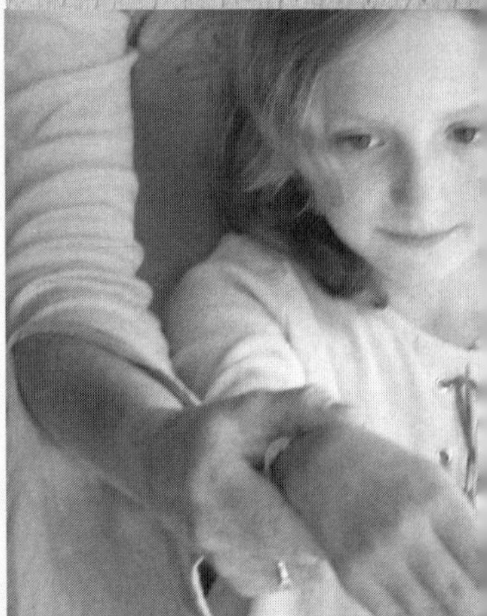

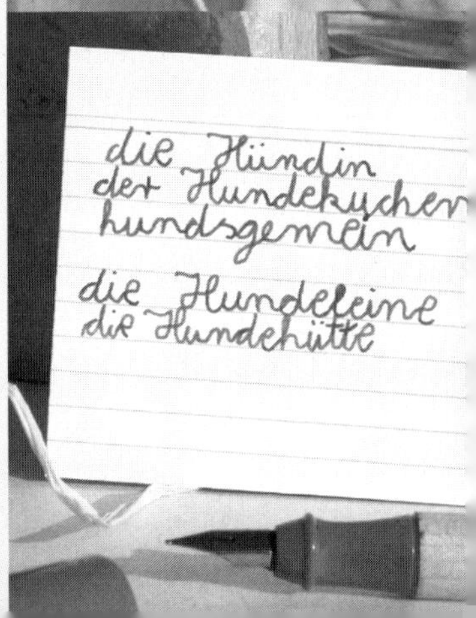

die Hündin
der Hundekuchen
hundsgemein
die Hundeleine
die Hundehütte

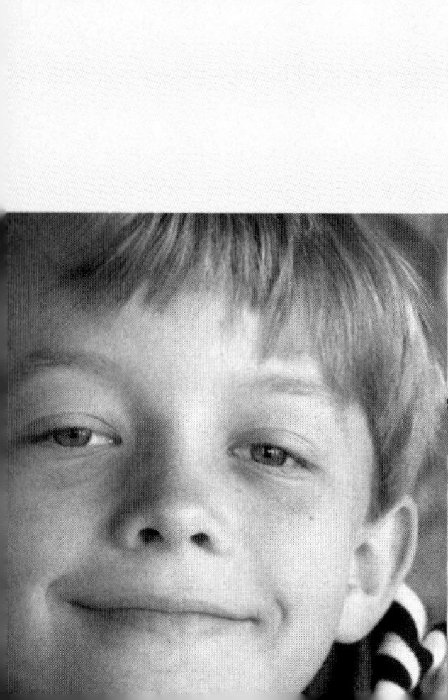 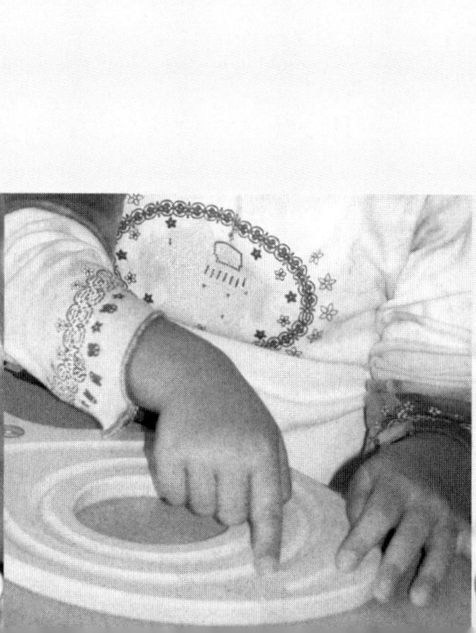 

Ko
tr
geht's
Cool Babes
25

Vorwort

«Mama, üben wir jetzt nicht, bloß weil Ferien sind?» Mit dieser Frage überraschte der Viertklässler Manuel seine Mutter zu Beginn der Osterferien. Wann immer ich anderen Eltern davon erzähle, ernte ich ungläubiges Staunen. So wünschten sich das viele! Wer mit der in diesem Buch dargestellten Schubs®-Methode arbeitet, kann jedoch genau das erleben.

Wenn Eltern in einer Buchhandlung oder Bibliothek nach Hilfen für die Rechtschreibprobleme ihres Kindes fragen, brauchen sie keinen Mangel an Empfehlungen zu befürchten. Warum dann noch ein Buch für diese Sparte? Zwei Gründe haben mich darin bestärkt, meine Methode für häusliches Rechtschreibtraining zu veröffentlichen:

1. Es gibt vor allem *Materialien*, die zu besserer Rechtschreibung führen sollen. Wie in so vielen Lebensbereichen versprechen wir uns vom richtigen Arbeitsheft, von der richtigen Kartei, vom richtigen Lernspiel den entscheidenden Durchbruch. Doch nicht das Material, sondern die Idee ist entscheidend. Meines Wissens gibt es bislang kein ganzheitliches und methodisch so umfassendes Übungssystem für den häuslichen Bereich auf dem Markt wie die nun in Buchform vorliegende Schubs®-Methode.
2. Nichts von all dem, was derzeit für das Üben des Rechtschreibens im Schwange ist, hat durch breiten Erfolg zu überzeugen und sich auf dem Markt oder im Schulunterricht durchzusetzen vermocht. Die individuellen Ursachen und Begleitumstände von Rechtschreibschwierigkeiten sind viel zu mannigfaltig, als dass ein einziger Weg der absolut richtige sein könnte. In den von mir betreuten Einzelfällen gab es sehr viele positive Erfahrungen. Auch zahlreiche Eltern berichteten nach dem Erlernen der Methode in einem meiner Workshops von erstaunlichen Veränderungen – nicht nur Manuels Mutter. Darum habe ich die Hoffnung, mit der Schubs®-Methode ein für etliche Kinder (wie auch Erwachsene!) effizientes System als weitere Alternative bekannt zu machen.

Dankbar bin ich vor allem den vielen Schülern, die mich im Laufe der Jahre immer wieder aufs Neue veranlassten, Ideen für die Überwindung ihrer Rechtschreibprobleme zu entwickeln.

Mein Dank gilt auch den Eltern, deren Fragen mir zeigten, wie ich meine Anregungen für die Darstellung im Buch aufbereiten sollte.

Die Zusammenarbeit mit Angelika Salomon, deren einfühlsame Fotos eine wunderbare Veranschaulichung meiner methodischen Tipps darstellen, war für mich eine besonders gute Erfahrung. Und nicht zuletzt gebührt dem Lektor Dank, denn ohne Bernhard Schöns Ermutigung und sensible Korrekturen wäre dieses Buch nicht das, was es geworden ist.

Detlef Träbert

Kapitel 1 |

Schulanfänger sind keine unbeschriebenen Blätter

«Die meisten Kinder

haben aus eigener Neugier

den Zugang zur Schrift gefunden.»

(Hans Brügelmann)

Wenn ein Kind in die Schule kommt, hat es schon mancherlei Erfahrungen mit der Schriftsprache gesammelt und ist im wahrsten Sinne des Wortes kein *unbeschriebenes Blatt* mehr. «In deinem Kürbis hast du viele Buchstaben, und wenn du sprichst, kommen die unsichtbar heraus», zitiert Hans Brügelmann (1998, S. 41) einen fünfjährigen Jungen. Manche Kinder interessieren sich schon lange vor dem Schulstart für die Schrift in ihren Bilderbüchern, auf Plakaten und in Prospekten, auf dem Fernsehbildschirm und in der Zeitung. Viele erleben die Menschen um sich herum als Leser und bekommen (hoffentlich!) regelmäßig etwas vorgelesen.

Dass diese Zeichen auf Papier etwas zu bedeuten haben, ist also fast allen Schulanfängern klar. Aber der Grad der Vorerfahrungen ist sehr unterschiedlich:

Vorschulische Schrifterfahrungen

- Im Durchschnitt können ein bis zwei Kinder bei Schuleintritt bereits lesen.
- Weitere zwei bis drei Kinder kennen die meisten Buchstaben und können einzelne Wörter selbständig erlesen.
- Etwa ein Viertel kann zwei Wörter aus dem Gedächtnis richtig aufschreiben.
- Aber: Nahezu die Hälfte aller Schulanfänger erkennt kein einziges Wort und kennt weniger als fünf Buchstaben.

(Vgl. Brügelmann 1998, S. 41)

Schulanfänger unterscheiden sich aus medizinischer Sicht in ihrem so genannten Entwicklungsalter um rund drei Jahre. Ihre Entwicklungs- und Erfahrungsunterschiede bezüglich der Schriftsprache sind eher noch größer. Das stellt für Lehrkräfte in der Schuleingangsstufe eine große Herausforderung dar, denn bei einer solchen Spannbreite ist das Unterrichten im Gleichschritt nicht möglich.

Individuelle Zugänge zur Schrift

Es gibt noch einen zweiten Grund, warum das Unterrichten im Gleichschritt nicht funktionieren kann: Kinder unterscheiden sich nicht nur im Entwicklungs*stand*, sondern auch in der *Art ihres Zugangs* zur Schriftsprache. Jedes Kind entdeckt nämlich die Welt für sich auf seine eigene Art. Dabei werden Theorien entwickelt, die für uns Erwachsene manchmal absonderlich klingen, aber durchaus ihre eigene Logik haben.

«Warum wird denn ‹Maus› nicht mit einem kleinen ‹m› geschrieben?», fragt Leonie. «‹Löwe› schreibt man mit großem ‹L›, weil er ein großes Tier ist, aber die Maus ist doch klein!» Man muss keine Angst um Leonie haben, im Gegenteil. So, wie sie von selbst auf diese – objektiv falsche – Idee kam, wird sie auch irgendwann selbst erkennen, dass die Schreibweise eines «Dingwortes» nichts mit der Größe des gemeinten «Dings» zu tun hat.

Für die fünfjährige Eveline, die ihren Namen schon in Großbuchstaben schreiben kann, stecken «drei Kämme» darin. Beim Kämmen ihrer langen Haare ziept es nämlich immer so unangenehm, und darum schreibt sie die großen «E» auch mit vier statt drei Querstrichen.

Für Gordon sind die Seifenblasen, die er gerade auf einem Clownsbild malt – er war im Zirkus gewesen –, «stumme ‹O›, aber die Seifenblasen in meinem Namen kannst du hören».

Kinder entwickeln also individuell unterschiedliche Zugänge zur Schriftsprache. Meistens fangen sie an, sich für sie zu interessieren, wenn sie neugierig auf eine Sache sind, zum Beispiel auf den Inhalt eines Buches. Eher seltener beginnen sie zu lesen, indem sie nur nach einzelnen Buchstaben fragen, obwohl es auch das gibt.

Der vorschulische Kontakt mit der Schrift erfolgt interessengesteuert. Wird dann im Anfangsunterricht der Schule verlangt, dass sich alle Kinder zur gleichen Zeit mit demselben Buchstaben beschäftigen sollen, bedeutet das einen Bruch in ihrer Art zu lernen und in ihrer Motivation. Daher sind immer mehr Grundschulen zu Formen des so genannten Offenen Unterrichts übergegangen. Da lernen die Kinder «Lesen durch Schreiben» oder erstellen in der Klasse eine «Eigenfibel», oder sie erarbeiten sich das Handwerkszeug zum Lesen und Schreiben im «Werkstattunterricht».

Immer wieder äußern Eltern die Besorgnis, dass ihr Kind auf solche Weise vielleicht nicht «richtig» lernen und Rechtschreibprobleme entwickeln könnte. Die Wissenschaft kann das allerdings nicht bestätigen. Mit welcher Methode auch immer im Anfangsunterricht früherer Jahrzehnte gearbeitet wurde, es gab stets ähnlich hohe Prozentsätze an lese- und rechtschreibschwachen Kindern. Die Erfahrung zeigt vielmehr: Je mehr Eigenaktivität und persönliches Interesse beim Lernen ins Spiel kommen darf, desto größer ist in der Regel der Lernerfolg. Man darf nur nicht anstreben wollen, dass die Kinder jedes Wort von Anfang an orthographisch korrekt schreiben müssten. So wie Leonie irgendwann verstehen wird, dass die kleine «Maus» mit einem großen «M» geschrieben wird, so wird Eveline die großen «E» mit drei Strichen schreiben.

Entscheidend für die Entwicklung der Rechtschreibfähigkeit ist die Ausprägung eines Gefühls für richtiges Schreiben. «Halt!», höre ich da manche meiner Leser rufen. «Entscheidend ist doch wohl die Kenntnis der Regeln!» Glauben Sie das wirklich?

Viele Strategien sind möglich, um orthographisch korrekt zu schreiben. Die Kenntnis und Anwendung von Regeln gehört auch dazu, wird aber sogar bei Erwachsenen eher selten angewendet. Viel häufiger schauen wir, ob das Schriftbild sich richtig «anfühlt». Das «Gespür» ist wichtiger als Regelkenntnis, und darum gilt es, dieses von Anfang an zu entwickeln.

Experiment

Bitte nehmen Sie sich etwas Zeit und versuchen Sie, das Wort «krüsantehme» (gemeint ist eine Blumenart) orthographisch korrekt zu schreiben.
Nachdem Sie es geschrieben haben und bevor Sie auf die nächste Seite umblättern, notieren Sie sich bitte, wie Sie dabei vorgegangen sind. ➜

Didaktische Ursachen für Rechtschreibprobleme

Die «Didaktik» ist die Wissenschaft vom Unterrichten. Wie in fast allen Wissenschaften ist es auch bei ihr so, dass die neuesten Erkenntnisse aus der Forschung immer erst eine gewisse Zeit brauchen, bis sie in die Praxis einfließen. In unseren Schulen wird mancherorts noch nach längst veralteten Methoden unterrichtet, denn die neuen Erkenntnisse gelangen vor allem auf dem langwierigen Weg über die Lehrerausbildung in die Schule. Trotz Fachliteratur und Fortbildungen kann es daher ein bis zwei Jahrzehnte und manchmal noch länger dauern, bis sich Neuerungen flächendeckend verbreitet haben.

Methodische Mängel des Anfangsunterrichts

Zu solchen Neuerungen zählt beispielsweise die «Vereinfachte Ausgangsschrift». Sie ist auch in den Bundesländern, die sie offiziell eingeführt oder zumindest erlaubt haben, noch immer nicht an allen Grundschulen angekommen. Ob sie zu einer Verringerung der Rechtschreibschwäche beitragen wird, lässt sich bislang noch nicht mit Sicherheit behaupten. Vermutlich wird sie sich diesbezüglich gar nicht oder allenfalls äußerst geringfügig auswirken. Aber sie ist motorisch wesentlich ökonomischer als die «Lateinische Ausgangs-

→ Experiment

Haben Sie sich an eine Regel erinnert, die Ihnen beim Schreiben geholfen hätte? Etwa die, dass ein kr-Laut in Wörtern, die aus dem Griechischen stammen, «chr» und ein t-Laut in solchen Wörtern stets «th» geschrieben wird?
Oder ist Ihnen eher eingefallen, dass «... theme» ja ähnlich wie «Thema» klingt und deshalb mit «th» geschrieben werden muss? Dann hätten Sie eine Ähnlichkeitsstrategie verfolgt.
Haben Sie bei «Chrys ...» an den Vornamen «Chris» gedacht und wollten die Blume vielleicht gar zuerst mit «i» schreiben (Ableitungsstrategie)? Das sah dann wohl doch «irgendwie komisch» aus, und Sie haben sich daraufhin umentschieden.
Haben Sie das Wort möglicherweise erst auf eine, zwei oder gar drei Arten hingeschrieben oder sich zumindest vorgestellt, bevor Ihre Entscheidung für eine Schreibweise reifte (Vergleich mit gespeicherten Wortbildern)?

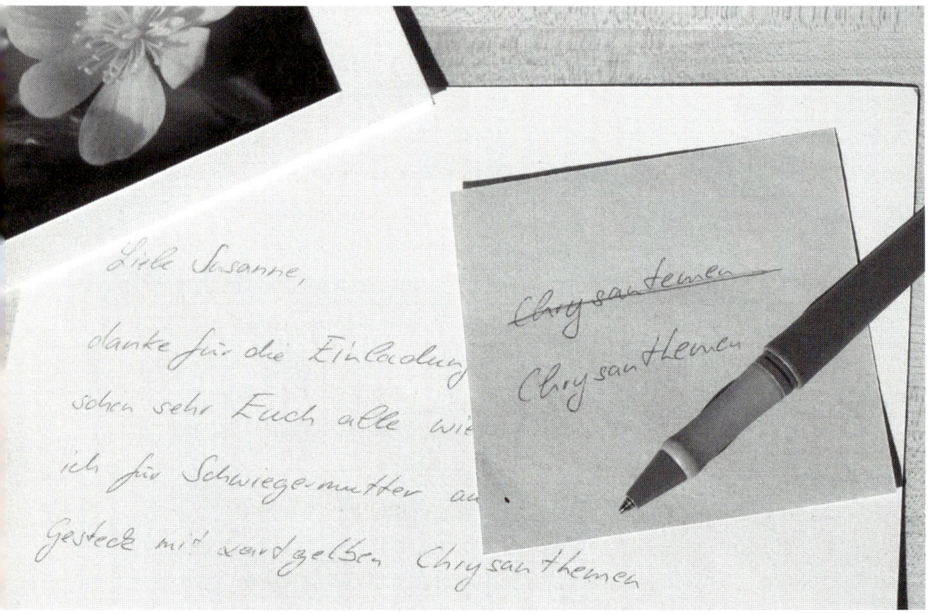

schrift». Damit kommt sie ganz besonders solchen Kindern entgegen, die ein feinmotorisches Handicap aufweisen. Da auch wir Erwachsene uns über die Jahre hinweg in unserer persönlichen Handschrift ganz individuelle Vereinfachungen gegenüber der Normschrift angewöhnt haben, sollte man den Schülern die im wahrsten Sinne des Wortes *Vereinfachte* Ausgangsschrift nicht vorenthalten. Meist sind es nur Vorbehalte oder Ängste gegenüber dem Neuen, das eben anders ist als das Altgewohnte, die bei Lehrkräften für Zögerlichkeit sorgen. Aber geht es Eltern anders?

Bedeutsamer für die Lernentwicklung der Schulanfänger ist der Umgang mit Druck- und Schreibschrift. Im Alltag wird die Druckschrift vor allem für das Lesen gebraucht. Darum sollte sie die erste Schrift sein, die Kinder kennen lernen. Erst wenn alle ihre Zeichen lesend und schreibend sicher beherrscht werden, macht die Einführung der Schreibschrift Sinn. Andernfalls kommt es zu Überlagerungen, so genannten Lernhemmungen. Schließlich gibt es zu jedem Buchstaben schon in der Druckschrift zwei Varianten (klein und groß), und nun kommen mit der Schreibschrift noch einmal je zwei Varianten hinzu.

In der Rückverfolgung der Lerngeschichte von Kindern mit Schwierigkeiten im Rechtschreiben habe ich so oft die folgende Information bekommen, dass das kein Zufall mehr sein kann: Die Schreibschrift war gleichzeitig mit der Druckschrift oder sehr rasch nach ihrer Einführung im Unterricht behandelt worden. Dadurch werden manche Kinder schlicht überfordert.

Ähnlich verhält es sich mit der Zahl der Wörter, die in den ersten Tagen und Wochen gelernt werden sollen. Ich habe in einigen Klassenzimmern bereits nach vier Unterrichtswochen sechzig bis siebzig Wort-Bild-Plakate an der Wand hängen sehen. Das ist für viele Kinder einfach zu viel. Sie lernen nichts richtig und werden durch die sich häufenden negativen Rückmeldungen zu ihren Lernbemühungen frühzeitig entmutigt.

Methodische Mängel verbergen sich gar nicht selten auch in den Unterrichtsmaterialien, mit denen im Anfangsunterricht gearbeitet wird. Manche Fibel ist sprachlich so anspruchslos, dass sie Kinder langweilt. Ein Beispiel gefällig? «Uta malt Fu – Mama malt Uta – Fu malt Fara – Fara malt Mama.» Damit sollen zwar bestimmte Lautverbindungen eingeübt werden, aber das nützt nicht viel, wenn die Fibeltexte den Lebenshorizont der Kinder nicht treffen und damit keine echte Motivation bewirken. Schulanfänger verwenden in ihrer persönlichen Kommunikation schon längst interessantere Wörter und eine wesentlich komplexere Grammatik als die Fibeltexte. Geht der Unterricht davon aus, ist auch die Motivation der Kinder höher.

Hinzu kommen die Begleitmaterialien der Fibeln, die oftmals aus Unmengen von Arbeitsblättern bestehen, mit denen Kinder teils unter-, teils überfordert werden. Wenn auf solchen Blättern lediglich Ankreuz- oder Einkringel-Aufgaben angeboten werden, ist ihr Sinn höchst fragwürdig. Da diese Materialien aber zum Buch dazugehören, werden sie oft unkritisch eingesetzt, wie überhaupt die Schulbücher für Lehrkräfte oftmals eine höhere Autorität zu besitzen scheinen als die – manchmal sehr vernünftigen – Bildungs- oder Lehrpläne.

Didaktisch-methodische Mängel im Rechtschreibunterricht

Wenn die Schüler die Grundlagen der Schriftsprache im Anfangsunterricht erworben haben, setzt der systematische Rechtschreibunterricht ein. Sie lernen Merkwörter kennen, die sie auswendig wissen sollen. Außerdem lernen sie erste Regeln kennen, zum Beispiel: «Namenwörter schreiben wir mit großem Anfangsbuchstaben.»

Dagegen ist auch gar nichts einzuwenden. Problematisch ist nur die Verknüpfung von Rechtschreibunterricht mit der Vorstellung, seinen Erfolg mit *Diktaten* kontrollieren zu müssen.

«Nirgends klaffen heute die Ansichten der Schulpraxis und die Erkenntnisse der Fachdidaktik so weit auseinander wie beim Diktat.» (Wolfgang Menzel)

Oft werden schon gegen Ende des ersten Schuljahres die ersten Wortdiktate geschrieben. Das Diktieren kleiner Sätze folgt häufig bereits in der zweiten Klassenstufe. Mit den Diktaten beginnt für jene Kinder, die sich mit dem Schreiben schwer tun, ein langjähriges, manchmal lebensbegleitendes Trauma. Dabei hat die Fachdidaktik längst erkannt, dass Diktate nicht hilfreich sind. So kritisierte die Rechtschreib-Expertin Gudrun Spitta bereits 1977 folgende drei Sachverhalte:

« • *Sprachlich gesehen stellt das Schreiben nach Diktat eine stark verarmte Handlungsweise dar, die der Komplexität der Anforderungen von realen Schreibsituationen nicht gerecht wird (Reduzieren von Schreiben auf Umkodieren, Vernachlässigen von Situationen, Inhalt, Absicht, Adressat und verbalen Planungsstrategien).*

- *Didaktisch gesehen führt die gängige Diktatpraxis zur Vernachlässigung wesentlicher Aspekte beim Aufbau von Rechtschreibsicherheit (Entwicklung von Fehlervermeidungsstrategien, Fehlersensibilität, Selbstkontrollstrategien; Wörterbuchbenutzung; Differenzierungsproblem; Häufigkeitswortschatz).*
- *Lernpsychologisch gesehen stellt das Diktat eine besonders ungünstige Lern- und Kontrollform dar (Misserfolgsorientierung; normbezogene Beurteilungsverfahren, die implizieren, dass immer ein Teil der Schüler scheitert; Lernblockierungen durch Angst, Stress).»*

(Gudrun Spitta u. a.: Rechtschreibunterricht. Braunschweig, Westermann, 1977, S. 203)

Trotzdem scheinen Diktate unausrottbar. Auch Eltern halten gerne an ihnen fest – wenigstens so lange, wie ein Kind dabei gute Noten erzielt. Doch eines ist sicher: Kinder, die gute Rechtschreibnoten erzielen, schaffen das nicht wegen, sondern allenfalls trotz der Diktate.

Aber es hilft ja nichts: Wo Diktate geschrieben werden, müssen Kinder versuchen, mit ihnen zurechtzukommen. Das bedeutet auch, sie müssen lernen, mit *Zeitdruck* umzugehen. Den erzeugen Diktate auf zweierlei Art und Weise. Zum einen wird meistens angestrebt, dass sie in einem bestimmten Tempo geschrieben werden. Das setzt motorisch beeinträchtigte oder aus anderen Gründen langsame Schreiber stark unter Druck. Zum anderen kostet das Vorbereiten, Durchführen und Nachbesprechen bzw. Verbessern der Diktate sehr viel Unterrichtszeit zu Lasten produktiverer Lern- und Arbeitsformen.

Zeitdruck entsteht im Unterricht jedoch auch noch aus anderen Gründen. So gelten oftmals die Arbeitsblätter oder Arbeitshefte als Pensum, das unbedingt vollständig bewältigt werden muss. Wer im Unterricht nicht mitkommt, soll dann zu Hause den Stoff nacharbeiten. Das wiederum führt zu überlangen häuslichen Arbeitszeiten, die das Familienklima belasten und die Motivation der langsameren Kinder zerstören. Sie erfüllen vielleicht mechanisch ihre Pflicht, aber sie lernen dabei keine Rechtschreibung.

Neben der Diktatpraxis und dem Zeitdruck beherrscht ein dritter didaktisch-methodischer Mangel den Rechtschreibunterricht in unzähligen Schulklassen: die *Regelorientierung*. Sie erinnern sich sicherlich noch an das Experiment mit dem Schreiben von «Chrysantheme» (vgl. S. 18). Möglicherweise haben Sie sich ja an einer der weit über 100 Regeln des

Duden orientiert. Das wäre dann ein Beleg dafür, dass sie durchaus nützlich sind. Sie können aber nur nützen, wenn sie verinnerlicht wurden. Dazu kommt es im konventionellen Rechtschreibunterricht jedoch zu selten.

Wenn Schüler ihre Regeln gut lernen, werden sie sie erfolgreich aufsagen können, falls sie abgefragt werden. Das bedeutet aber noch längst nicht, dass sie sie auch beim Schreiben anwenden können. Wer als Eltern seinem Kind beim Lernen hilft, kennt das Gefühl der Verzweiflung, wenn es die betreffenden Wörter in der Rechtschreibübung wieder so falsch schreibt, als hätte es von der Regel nie gehört, die sie nur ein paar Augenblicke zuvor noch besprochen haben. Auch Lehrer kennen diese Verzweiflung, aber sie wissen oft genauso wenig wie die Eltern, warum die Regeln beim Schreiben nicht umgesetzt werden. Vorschnell vermuten sie oft «Konzentrationsschwäche», doch damit hat das Phänomen in den meisten Fällen nichts zu tun.

Regeln müssen fest «verankert» werden, um auch unbewusst wirksam sein zu können (vgl. S. 92). Das erfordert sehr viele Wiederholungsdurchgänge. Lehrkräfte glauben jedoch häufig, dass sie sich die Zeit dafür nicht leisten könnten. Die Quittung erhalten die Schüler, denen die Vorkenntnisse oder das Naturtalent fehlen, um trotzdem weitgehend richtig zu schreiben. In den Diktaten zeigt sich dann das Phänomen, dass sich die Fehler gerade bei jenen Wörtern häufen, zu denen vorher eine Regel gelernt worden ist. Die Schüler mit den guten Diktatnoten haben in der Regel am wenigsten dafür getan. Diejenigen, die ohne Erfolg viel übten, haben nur ihre Unsicherheit damit verstärkt, die aus der nicht verinnerlichten Regel stammt.

Die Praxis der Leistungsbeurteilung

«Wozu sollst du denn diese Rechtschreibübung machen?», frage ich Orhan, der das dritte Schuljahr besucht. «Damit ich im Diktat eine gute Note bekomme», antwortet er prompt. Das Rechtschreiben wegen der Diktate trainieren – in keinem schulischen Lernbereich ist die Leistungsbeurteilung so sehr zum Selbstzweck geworden wie hier.

«Ziel des Rechtschreibunterrichtes ist es, dass die Kinder schrittweise ein Rechtschreibgespür entwickeln. Im Vordergrund des Rechtschreibunterrichtes muss daher die Vermittlung von Schreibstrategien und Rechtschreibmodellen stehen.» (Norbert Sommer-Stumpenhorst)

Die Logik in vielen Schulklassen heißt: Weil wir bald ein Diktat schreiben, müssen wir jetzt die Groß-/Kleinschreibung (oder s-ss-ß oder das Dehnungs-h oder …) üben. Doch das Ziel des Unterrichts muss die Entwicklung des Rechtschreibgespürs sein und nicht das Auswendiglernen der Übungswörter für das nächste Diktat. Wenn Schreibstrategien und Rechtschreibmodelle vermittelt werden sollen, sind Diktate völlig ungeeignet, um die Lern- und Leistungsentwicklung der Schüler damit abzubilden. Schlimmer noch: Viele rechtschreibschwache Kinder fallen mit ihren Problemen so lange gar nicht auf, wie das Auswendiglernen ihnen hilft, Diktate zu bestehen. Erst beim freien Schreiben werden ihre Defizite offensichtlich. Der Unterricht, der auf ständige Diktate ausgerichtet ist, beraubt sich selbst der Chance, Kindern bei der Entwicklung ihrer Fähigkeiten zu helfen. Den Kindern raubt er kostbare Monate oder Jahre, in denen frühe Förderung raschere Erfolge ermöglichen könnte.

Lehrkräfte merken das eigentlich auch, wenn trotz «ordentlich» ausfallender Diktate die Aufsätze der Kinder vor Rechtschreibfehlern nur so strotzen. Aber sie ziehen – aus Unwissenheit – daraus die falsche Konsequenz, wenn sie nun vermehrt Diktate trainieren.

« Um richtig schreiben zu können, brauchen die Kinder Rechtschreibstrategien und nicht auswendig gelernte Wörter. » (Norbert Sommer-Stumpenhorst)

Die Beurteilung der Lernfortschritte von Schülern in der Rechtschreibung darf sich also nicht an Diktatergebnissen ausrichten, zumindest nicht allein an diesen. Das gilt erst recht, wenn die «Nachschriften», wie Diktate auch manchmal genannt werden, schon als Fehler werten, was laut Lehrplan noch gar nicht unterrichtet wurde. Da gehören zum Beispiel die f-v-w-Laute zum Stoff des vierten Schuljahrs, aber schon im dritten Schuljahr wird «Wase» (statt «Vase») als Fehler gewertet. Die Gleichung «Falsches Wort = Fehler» ist zwar für Diktatkorrekturen und Notenfindung hübsch einfach und für jeden Laien nachvollziehbar, aber sie stimmt nicht mit den Unterrichtszielen der Lehrpläne überein.

Stattdessen sollte die Fähigkeit zum lautgetreuen Schreiben stets so lange das Maß für die Fehlerwertung abgeben, bis sie durch die nach und nach erarbeiteten Regeln zu einer zunehmend differenzierten Rechtschreibfähigkeit wird.

Schulische Leistungsbeurteilung muss aber darüber hinaus die wachsenden Fähigkeiten der Schüler erfassen, Strategien beim Schreiben anzuwenden. Dazu gehören die Verwendung des Schülerdudens genauso wie die Fähigkeiten zur Ableitung eines Wortes von seinem Stamm, zur Verlängerung eines Wortendes bei unklarem Auslaut, zur Anwendung verschiedener und gründlich eingeübter Regeln und so weiter. Wenn Schule lediglich den Leistungsstand von Schülern mit Noten rückmeldet, wird sie schwachen Rechtschreibern regelmäßig ihre Schwäche quittieren und sie damit zunehmend entmutigen. Das aber ist nicht ihr Auftrag. Sie soll die Lernentwicklung der Kinder fördern, und dazu sind verbale Lernentwicklungsbeschreibungen das geeignete Mittel.

Schädliche Nebenwirkungen des Rechtschreibtrainings

Nun werden die Rechtschreibleistungen der Kinder aber fast überall – in der Regel ab dem dritten Schuljahr – mit Noten nach Diktat belegt. Was bleibt da anderes übrig, als für die geforderten Diktate zu üben? Dieses Üben hat allerdings schädliche Nebenwirkungen, die bei schwachen Rechtschreibern geradewegs in einen Teufelskreis aus Versagen, Verzagen und neuerlichem Versagen führen.

Eine dieser Nebenwirkungen ist die *Belastung der Eltern-Kind-Beziehung*. Eltern neigen dazu, aus Sorge um den Schulerfolg die Rolle eines Hilfslehrers einzunehmen. Dazu sind sie jedoch schlecht geeignet, nicht nur, weil ihnen meistens die Ausbildung dafür fehlt. Viele Kinder akzeptieren diese Rolle nämlich einfach nicht. Gerade im Falle schwacher Leistungen wollen sie nicht auch noch zu Hause ständig wegen ihrer Schwächen in Frage gestellt werden. Sie brauchen eigentlich Trost und Rückhalt im Elternhaus, nicht aber den verlängerten Arm der Lehrerin.

Die Folgen sind zunehmende Reibereien und Streitigkeiten sowie die Belastung der familiären Atmosphäre bis hin zu Tendenzen, wegen der Schule zu schwindeln oder gar nicht mehr hingehen zu wollen. Die Schule sitzt gewissermaßen beim gemeinsamen Abendessen mit am Tisch. Sie kann schlechte Laune auslösen, Eltern wie auch dem Kind ein schlechtes Gewissen machen und gegenseitige Vorwürfe provozieren.

«Du hast mich gar nicht mehr lieb, nur weil ich so viele Fehler schreibe!»

«Du willst mich wohl ins Grab bringen mit deiner Schludrigkeit!»

«Immer hältst du zum Lehrer, das ist so gemein!»

«Du musst dich einfach nur mehr anstrengen. Das kann doch nicht so schwer sein!»

«Wenn du x-mal nach meinen Hausaufgaben fragst, dann nervt das!»

«Stell dich nicht so an!»

Diese Beeinträchtigung des Familienklimas kann über Jahre hinweg andauern, wenn Eltern zulassen, dass ihre Beziehung zum Kind «verschult» wird.

Eine zweite Nebenwirkung des frühen häuslichen Rechtschreibtrainings ist die so genannte *Etikettierung* des Kindes. Es bekommt gewissermaßen ein Etikett angeheftet, auf dem steht: «Ich bin rechtschreibschwach.» Solch eine Zuschreibung kann vom Kind auch verallgemeinert werden im Sinne von «Ich bin schlecht». Damit besteht die Gefahr der Entmutigung für weitere oder sogar alle schulischen Lernbereiche. Das bezeichnet die Psychologie als «Generalisierungseffekt».

Selbst wenn dieser Effekt nicht eintritt, ist zu befürchten, dass ein Kind allmählich überzeugt davon ist, Rechtschreibung eben nicht zu können:

«Ich bin rechtschreibschwach.

Rechtschreibung kann ich sowieso nicht.

Ich übe immer viel mehr als andere Schüler, aber ich mache trotzdem mehr Fehler.

Das Üben nützt doch gar nichts.

Wenn ich nicht üben würde, dann würde ich auch nicht mehr Fehler machen.

Eigentlich kann ich das Üben gleich bleiben lassen.

Ich habe eine Schwäche, was durch das erfolglose Üben bewiesen wurde.

Dafür kann ich nichts; deshalb sollten alle Rücksicht auf mich nehmen.»

Solche oder ähnliche Gedankengänge führen in der Regel dazu, dass man den Glauben an die Möglichkeit verliert, durch eigene Anstrengung doch noch erfolgreich sein zu können. Das Etikett «rechtschreibschwach» oder auch «Legastheniker» zerstört Erfolgszuversicht und damit Leistungsmotivation. Die schulische Beurteilungspraxis ist nicht geeignet, der Etikettierung entgegenzuwirken. Sie löst den Prozess oftmals erst aus oder verstärkt ihn zumindest. Die schlechten Noten führen nämlich normalerweise nicht zu verstärkten Anstrengungen der Schule, nach den Ansätzen beim Kind zu suchen, von denen aus eine erfolgreichere Schreibstrategie entwickelt werden könnte.

«Der Ziffernnote fehlt das Element des Helfens.» (Kurt Singer)

Hilfen auf dem Weg zum richtigen Rechtschreiben

Wenn nun die Beziehung zwischen Eltern und Kind belastet und das Kind als rechtschreibschwach etikettiert ist, bleibt häufig nur noch die Suche nach einer passenden *Nachhilfe oder Therapie*. Hier ist ganz besondere Vorsicht geboten.

Nachhilfe ist im Normalfall überhaupt nicht geeignet, um die Ursachen von Rechtschreibschwierigkeiten zu erkennen und zu beheben. Sie kann allenfalls eine Notlösung darstellen, um geplagten Eltern das Diktattraining abzunehmen, dessen Sinn ich oben in Frage gestellt habe.

Ob ein lerntherapeutisches Angebot seriös und kompetent ist, können informierte Eltern unter Prüfung entsprechender Kriterien erkennen (vgl. Klein / Träbert, S. 187 ff.). Am Anfang sollte auf jeden Fall immer die gründliche pädagogisch-psychologische Diagnose stehen, die nicht nur die Defizite des Kindes beschreibt, sondern vor allem nach seinen Fähigkeiten forscht. Dort kann angesetzt werden, um mehr Rechtschreibkompetenz aufzubauen.

Einen neuen Ansatzpunkt im Sinne von Selbsthilfe bietet dieses Buch. Mit «Richtig schreiben lernen» ergibt sich für Eltern die Chance, ihre Beziehung zum Kind in Sachen Schule neu zu gestalten (vgl. S. 100). Die auf den nächsten Seiten folgenden Übungs-Grundregeln sind nämlich nicht nur technischer Natur, sondern werden auch den Kern der Eltern-Kind-Beziehung berühren und einen Beitrag zu ihrer Entspannung leisten.

Kapitel 2 |

Elf Grundregeln für erfolgreiches Üben

« Meine mangelnde Schnelligkeit

nennst du Langsamkeit.

Meine Langsamkeit ist dein Problem.

Hör endlich auf,

mich mit deinen Problemen zu behelligen! »

(Peter Schiestl)

Frau Schweikert ist mit Karstens Lehrerin zum Elterngespräch verabredet. Was wird sie ihr wohl sagen wollen? Karsten ist doch ein lieber Kerl, der sicherlich nichts angestellt hat.

Die Lehrerin, Frau Rohde, begrüßt sie freundlich und führt sie ins Elternsprechzimmer. Nach ein paar einleitenden Worten kommt sie zur Sache: «Frau Schweikert, Sie haben ja Karstens letztes Diktat gesehen. Kaum ein anderes Kind hat so viele Fehler geschrieben. Ich mache mir Sorgen um seine Rechtschreibleistungen. Sie sollten zu Hause wohl ein wenig mehr mit ihm üben.»

Wenn die Lehrerin *Ihnen* im Gespräch empfiehlt, das Rechtschreiben mit Ihrem Kind mehr als bisher zu üben, dann spüren Sie wahrscheinlich einen deutlichen Erfolgsdruck. Vielleicht vermuten Sie ohnehin schon, dass Ihr Partner, die Familie oder die Nachbarschaft von Ihnen die Garantie für Lernerfolge des Kindes erwartet. Nun weist Ihnen auch noch die Lehrerin die Verantwortung für die Überwindung seiner Rechtschreibprobleme zu. Sollten Sie zuvor noch gedacht haben, dass sie es eigentlich sein müsste, die als «Profi» für die Lernerfolge aller Schüler zuständig wäre, so wissen Sie jetzt, dass diese Hoffnung für diese Lehrerin irrig war.

Viele Eltern brauchen allerdings nicht einmal eine Aufforderung der Lehrerin. Sie fühlen sich von vornherein selbst für möglichst optimale Lernleistungen ihrer Kinder verantwortlich und üben mit ihnen aus diesem Erfolgsdruck heraus oft mehr, als vernünftig ist. Wer so empfindet, wird nahezu ständig ein schlechtes Gewissen haben. Schließlich könnte man ja immer noch mehr tun. Außerdem hört man von den allermeisten Müttern im Umfeld, dass es bei ihnen überhaupt keine Probleme gebe. Aber glauben Sie das wirklich? Wenn Sie da einmal Mäuslein spielen und heimlich lauschen könnten ...

«So, Roman, jetzt müssen wir noch Diktat üben.» – «Oh, nein, Mama! Ich hab doch schon eineinhalb Stunden Hausaufgaben gemacht, ich kann nicht mehr!» – «Nichts da, drei Sätze diktiere ich dir. Reiß dich noch ein bisschen zusammen, dann kannst du spielen gehen.» – «Ach Mensch, lass mich doch erst spielen und dann vor dem Abendessen üben.» – «Nee, nee, das kenne ich. Da kommst du nicht pünktlich, oder du bist so müde, dass du dich nicht mehr konzentrieren kannst. Wir üben jetzt!» Roman reibt sich die Augen, legt den Kopf auf den Tisch und seufzt: «Dann los jetzt, damit ich endlich rauskomme.» – «Setz dich ordentlich hin!» – «Ja doch!», zischt Roman gereizt und

verdreht die Augen. Er setzt sich auf sein untergeschlagenes Bein. «Ordentlich habe ich gesagt!», wird auch seine Mutter lauter. «Wenn du jetzt nicht mitmachst, kriegst du drei Tage Fernsehverbot!» Roman setzt sich leise maulend ordentlich hin und schreibt die ersten diktierten Wörter. «Pass auf», unterbricht ihn die Mutter, «und denk daran, welche Wörter man großschreibt.» – «Ist ja gut», meckert der Junge zurück. «Kann ich jetzt raus?», fragt er nach dem zweiten Satz …

Solche und ähnliche Szenen ereignen sich immer wieder in nahezu jeder zweiten Familie mit Schulkindern. Sollte Ihnen so etwas bekannt vorkommen, dann wissen Sie, wie sehr Ihre Beziehung zu Ihrem Kind dadurch belastet wird. Zudem haben Sie dann auch mit Sicherheit die Erfahrung gemacht, dass Üben unter solchen Umständen einfach keinen Erfolg bringt. Folgende Faktoren verhindern ihn:

- Deutlich ausgedrückte Unlust oder heftiger Widerstand des Kindes
- Starke Müdigkeit (Gähnen, Kopf-auf-den-Tisch-Legen, ständiges gedankliches Abdriften, zunehmende Zappeligkeit)
- Misserfolgsorientierung («Ich kann das sowieso nicht.» – «Ich werd eh nicht so gut wie die anderen.»)
- Angst (vor schlechten Noten, Strafen, Auslachen, Liebesverlust)
- Stress (durch Überforderung, durch zu häufiges oder zu langes Üben, ständiges Vergleichen mit erfolgreicheren Kindern)
- Emotionale Spannungen beim Üben (heftige Auseinandersetzung, Strafandrohung, Schimpfen)
- Ungeduld, Nervosität oder Gereiztheit beim Übungshelfer
- Entmutigende Äußerungen gegenüber dem Kind («Jetzt hast du schon wieder …» – «So klappt das nie!» – «Was soll bloß aus dir werden?»)

Regeln für das Üben zu Hause

Wenn man weiß, was den Übungserfolg verhindert, kann man daraus natürlich auch ableiten, welche Faktoren ihn fördern. Eltern müssen also kein schlechtes Gewissen haben, wenn sie erkennen, dass sie mit ihrem Verhalten Lernen eher behindern. Wichtig ist nur, dass sie richtige und hilfreiche Konsequenzen daraus ziehen. Die folgenden Grundregeln zur Förderung des häuslichen Übens (vgl. Klein / Träbert, S. 82 f.) können dabei nützlich sein:

1. Die Arbeits- und Übungszeiten

... sollten vom Kind selbst festgelegt bzw. mit ihm gemeinsam vereinbart werden.

Fast alle Kinder sind prinzipiell bereit zum Üben des Rechtschreibens. Aber diese Bereitwilligkeit kann leicht vergehen – beispielsweise wenn sie zu einem unerwarteten Zeitpunkt oder in dem Moment eingefordert wird, in dem das Kind sich innerlich bereits auf Spielen und Freizeit eingestellt hat. Wenn *Sie* es für einen günstigen Moment halten, nach den heute ausnahmsweise kürzeren Hausaufgaben noch zu üben, trifft das auf Ihr Kind nicht unbedingt zu. Möglicherweise ist es gerade voller Freude über die unerwartete Extraportion Spielzeit. Da wird die Ankündigung «So, jetzt können wir ja gut noch ein bisschen Diktat üben» wie eine kalte Dusche empfunden.

Sie selbst wären sicher auch nicht erfreut, wenn Ihre Freizeitpläne beispielsweise nach erledigter Hausarbeit gekippt würden, weil Ihr Partner gerade jetzt Ihre Mithilfe beim Montieren eines Regals fordert. Sie würden ihm sicher bereitwilliger helfen, wenn Sie rechtzeitig vorher darauf eingestellt gewesen wären und diese Aktion in Ihren Tagesablauf hätten einplanen können.

Deswegen sollten Sie zusätzliche Übungseinheiten mit Ihrem Kind fest vereinbaren. Eine große Hilfe dafür stellt der Wochenplan dar.

W O C H E N P L A N

Zeit	Montag	Dienstag	Mittwoch	Donnerstag	Freitag	Samstag	Sonntag
1.							
2.							
3.							
4.							
5.							
6.							
13. 00							
15							
30							
45							
14. 00							
15							
30							
45							
15. 00							
15							
30							
45							
16. 00							
15							
30							
45							
17. 00							
15							
30							
45							
18. 00							
15							
30							
45							
19. 00							
15							
30							
45							

Und so funktioniert der Wochenplan: Wenn Ihr Kind für das Rechtschreiben beispielsweise dreimal pro Woche 15 Minuten lang trainieren soll, so lassen Sie es zunächst selbst Übungszeitpunkte vorschlagen und in den Plan eintragen. Sofern sie sich mit Ihrem Tagesablauf vereinbaren lassen, sind sie auf jeden Fall erst einmal akzeptabel. Sollten sich im Laufe der Wochen aber Probleme herausstellen, kann der Plan ein- oder auch noch zweimal geändert werden, bevor er für den Rest des Schuljahres konsequent gültig bleibt.

So weiß Ihr Kind, womit es zu rechnen hat. Es gibt keine unangenehmen Überraschungen mehr, und die Verantwortlichkeit für die Übungszeiten liegt bei ihm selbst.

2. Extra-Übungseinheiten

... sollen Erfolg bringen. Deswegen ist es günstiger, sie vor oder mitten in die eigentlichen Hausaufgaben zu platzieren statt ans Ende.

Niemand kann seine Konzentration über einen langen Zeitraum auf stets gleich hohem Niveau aufrechterhalten. Selbst mit kleinen Zwischenpausen ist nach einer gewissen Zeit der Akku leer. Hausaufgaben zu machen, zu lernen und zu üben kostet nun einmal Energie. Je unangenehmer die Arbeit erlebt wird, desto rascher fühlt man sich müde. Sie kennen das von sich selbst: An einem spannenden Roman könnten Sie möglicherweise über einige Stunden hinweg konzentriert lesen. Handelt es sich aber um ein trockenes Fachbuch, das Sie vielleicht für Ihre Fortbildung lesen *müssen*, beginnen Ihre Gedanken bereits nach 20, 30 Minuten abzuschweifen.

Wenn das Rechtschreibtraining Erfolg haben soll, dann muss es also zu einem Zeitpunkt stattfinden, an dem genügend Konzentration vorhanden ist. Es sollte daher am Anfang oder in der Mitte der Hausaufgaben oder sogar zu einem gänzlich anderen Zeitpunkt eingeplant werden, zum Beispiel am frühen Abend.

3. Längere Arbeitseinheiten

... gehören durch Pausen unterbrochen, um die Konzentration wiederherzustellen.

Wer das Rechtschreibtraining in einen längeren Arbeitsabschnitt einbaut, muss unbedingt kleine Zwischenpausen einlegen. 15 Minuten mit Konzentration zu üben ist wesentlich effektiver als doppelt oder dreimal so lange ohne volle Aufmerksamkeit. Bei einem Pensum von voraussichtlich einer Stunde Arbeitszeit sollte man drei Pausen zu je zwei bis drei Minuten einplanen. Die Gesamtarbeitszeit wird sich dadurch nicht verlängern, sondern im Gegen-

teil sogar verkürzen, weil über die gesamte Stunde hinweg ein höheres Konzentrationsniveau durchgehalten werden kann.

Damit die Pausen nicht ausufern, gilt es, wie für die Kontrolle der Arbeitsphasen dazwischen, sich einen Kurzzeitwecker (Küchenwecker oder Countdown-Uhr) zu stellen. Am besten bewegt sich das Kind während der Pausen, um den Kreislauf wieder in Schwung zu bringen. Geeignet sind dafür beispielsweise Jonglagen jeder Art, Gymnastik, Geschicklichkeitsspiele wie der «rolling» (s. Anhang), Kicken mit einem Softball, Liegende Acht oder Rätischer Knoten als Kugelbahn (s. Anhang), Seilspringen, Mini-Trampolin oder was immer im Zimmer möglich ist und dem Kind Spaß macht.

4. Der Mensch ist für Bewegung konstruiert

Die Regel «Sitz still, wenn du dich konzentrieren willst» stimmt längst nicht immer und vor allem nicht, wenn über längere Zeit hinweg geistig gearbeitet wird. Ahnen Sie schon, warum die Mönche im Kloster ihre Bibel im Kreuzgang wandelnd lesen? Wenn der Körper sich bewegt, können auch Gedanken besser fließen.

Kinder, die während der Hausaufgaben auf ihrem Stuhl herumzappeln, machen damit ihr Bewegungsbedürfnis deutlich. Sie signalisieren, was ihnen fehlt. Bewegung lässt sich in viele Lern- und Übungssituationen integrieren. Sogar das Schreiben muss nicht ausschließlich im Sitzen stattfinden. Manche Kinder schreiben gerne auf dem Bauch liegend, und das erstaunlicherweise oft sogar mit ansprechender Schrift. Zumindest ein Stehpult (s. Anhang) ist für zappelige Schreiber empfehlenswert.

Wie Ihr Kind das Rechtschreiben mit Bewegung trainieren kann, wird im vierten Kapitel (ab S. 61) ausführlich dargestellt.

5. Handelndes Lernen

... ist in aller Regel erfolgreicher als reine Kopfarbeit, weil dadurch alle Sinnesorgane angesprochen werden können.

Die wenigsten Autofahrer, die in einer fremden Stadt eine bestimmte Adresse mit Hilfe ihres Navigationssystems gefunden haben, könnten sie beim zweiten Mal schon ohne diese technische Hilfe wiederfinden. Wer sich allerdings mit dem Stadtplan vorbereitet und vielleicht unterwegs noch jemanden fragt, prägt sich die Route besser ein. Der Grund ist einfach: Mit Hilfe des Stadtplans entsteht eine *visuelle* (bildhafte) *Vorstellung* des Weges. Markante Bauwerke, große Kreuzungen und Straßennamen helfen als *kognitive Anhaltspunkte* (Gedächtnisstützen), sich in der fremden Umgebung zu orientieren. Die Auskunft eines Passanten führt zu einer *auditiven Festigung* (über das Gehör) der bildhaften Vorstellung. Das Abbiegen an Kreuzungen und Einmündungen aufgrund eigener Überlegungen sind *Handlungen*, die man sich besser merken kann als Anweisungen des digitalen Navigationssystems. Während diese einseitig sind, geht die geschilderte Art des «Pfadfindens» *ganzheitlich* vor.

Beim Üben des Rechtschreibens kann sich ein Schulkind gleichfalls die vielen Wörter und ihre Schreibweisen auf ganzheitliche Art erfolgreicher merken als auf einseitige. Das geschieht, wenn es nicht nur nach Diktat schreibt, sondern mehrere Sinne einsetzt und dabei *HANDeln*, also aktiv tätig sein kann. Das ist der Grund für die vielfältigen Übungsschritte, die im vierten Kapitel (S. 52 ff.) vorgestellt werden.

6. Eine störungsfreie Situation

Geht es bei Ihnen nachmittags auch manchmal zu wie in einem Taubenschlag?

Das Telefon klingelt: «Hallo, ist Karsten da? Ich muss ihn mal was wegen Mathe fragen.»

Es klingelt an der Tür: «Hallo, kann Karsten zum Spielen rauskommen?»

Erneut das Telefon: «Kann Karsten mir morgen mal sein neues Playstation-Spiel in die Schule mitbringen?»

Dann will Karsten selbst telefonieren, weil er nicht genau weiß, was er in Deutsch machen muss …

Wo Kinder sind, da tobt das Leben – das wissen alle Eltern. Aber in der Hausaufgaben-, Lern- oder Übungssituation sollten unnötige Ablenkungen unbedingt vermieden werden. Dabei müssen Sie schon mit einer gewissen Entschiedenheit auftreten.

Folgende Maßnahmen können Sie in Erwägung ziehen:

- Ihr Kind gibt seinen Freunden, mit denen es viel zu tun hat, eine Kopie seines Wochenplans und sagt ihnen, dass es in dieser Zeit nicht gestört werden darf. Wenn «meine blöden Eltern» das so wollen, hat es auch keinen Gesichtsverlust bei den anderen zu befürchten.
- Wird Ihr Kind während seiner Arbeitszeit angerufen, so antworten Sie und bitten, später anzurufen.
- Das Gleiche gilt für Freunde, die an der Tür klingeln.
- Das Telefon können Sie notfalls während der Arbeitszeiten leise oder stumm stellen.

Aber es gibt auch Störquellen innerhalb der eigenen Wohnung. In Familien mit mehreren Kindern kann es nützlich sein, die festgelegten Arbeitszeiten auf einem Plakat mit der Überschrift «Arbeitszeit = stille Zeit» an geeigneten Stellen auszuhängen. Babys und Kleinkinder kann man natürlich nicht einfach «abschalten». Wenn Ihr Kind jedoch seinen Wochenplan anlegt, können Sie es auf die erfahrungsgemäß lauteren Stunden hinweisen.

Haustiere sollten beim konzentrierten Arbeiten möglichst nicht anwesend sein.

7. Ermutigung

... fördert die Anstrengungsbereitschaft – Kritik kann sie zerstören, ohne etwas zu nützen.

«Mensch, Tobi, pass doch auf!» – «Achtung, gestern hast du das noch richtig geschrieben!» – «Was soll denn das heißen?» – «Komm, jetzt reiß dich mal zusammen!» – «Ach, Junge, denk doch an die Regel!» – «Falsch!»

Wenn Sie beim Rechtschreiben-Üben einen Kassettenrekorder mitlaufen ließen, bekämen Sie dann auch eine solche Sammlung von Elternkommentaren zusammen? Wir sind uns zumeist gar nicht bewusst, wie viele Ermahnungen wir täglich in allen möglichen Situationen unseren Kindern zumuten. Rund 400 sollen es im vorschulischen Alter sein, und die meisten sind von Misstrauen bzw. Angst («Sei vorsichtig!») oder Kritik («Kannst du nicht aufpassen?») geprägt.

Stellen Sie sich einmal vor, jemand würde beim Kartoffelschälen neben Ihnen stehen und Sie ständig kritisieren: «Schäl nicht so dick!» – «Komm, mach voran, die sollen auch noch gekocht werden!» – «Gestern ging dir das auch noch besser von der Hand!» Wahrscheinlich würden Sie irgendwann patzig reagieren.

Natürlich hinkt der Vergleich; vergleichbar sind jedoch die Emotionen, die solche Kommentare auslösen. Ihr Kind strengt sich beim Schreiben subjektiv an, wahrscheinlich sogar mehr als andere, die mit dem Rechtschreiben kein Problem haben. Da geht jede Kritik an die Nerven und verstärkt den Stress, was leicht zu Überreaktionen führen kann. Da kommt es schon mal zu einem Wutausbruch, da fließen auch Tränen, oder es fliegt ein Mäppchen durchs Zimmer.

Unsere Ermahnungen und kritischen Hinweise sind zwar gut gemeint, aber sie bewirken in aller Regel nicht das, was sie bewirken sollen. Lob und Bestätigung hingegen bauen auf. Denken Sie bitte noch einmal an den Kassettenrekorder, den Sie während der Übungs-Viertelstunde mitlaufen lassen könnten. Wie viele ermutigende, lobende Kommentare könnten Sie zählen?

8. Viel Lob

Besonders Kinder mit einer Lernschwäche brauchen viel Lob – und zwar für jeden kleinen Schritt.

«Wie soll ich denn loben, wenn er ständig Fehler macht?», fragte mich Kais Mutter in der Beratung. Ihr Blickwinkel ist fehlerorientiert, so wie wir es aus einem Schulunterricht gewöhnt sind, in dem die rote Tinte regiert. Aber Kai macht nicht alles falsch, wenn er beispielweise

«Schuhle» schreibt. Er hat offensichtlich sogar gehört, dass das «u» lang gesprochen wird, und deshalb ein Dehnungs-h eingefügt. Seine Mutter könnte ihn loben: «Prima, du hast ja gemerkt, dass das ‹u› lang gesprochen wird!» Auf solch einer Grundlage kann Kai den Hinweis, dass es viele Wörter wie «Schule» mit langem Vokal ohne Dehnungs-h gibt, besser akzeptieren.

Rechtschreibschwache Kinder haben zumindest in Bezug auf das Schreiben, oft auch noch darüber hinaus, ein schwaches Selbstwertgefühl. Darum kann man sie gar nicht häufig genug loben. Ermutigung bei jedem kleinen Schritt spornt sie an. Ein kleines «Hm», «Ja», «Okay» oder «Gut, weiter so» nach jedem richtig verschrifteten Laut vermittelt ihnen die Sicherheit, auf dem richtigen Weg zu sein.

9. Das Bemühen ist lobenswert

… denn es soll bestärkt werden. Das Ergebnis ist zunächst zweitrangig.

Wenn ein Kind unterdurchschnittliche Rechtschreibleistungen aufweist, muss das erste Bemühen darauf gerichtet sein, ihm die Freude am Schreiben zu bewahren. Anstrengungsbereitschaft ist der Schlüssel zum Erfolg, gerade wenn die Ergebnisse der bisherigen Anstrengungen noch nicht zufrieden stellend waren.

Tim hat seiner Mutter einen Zettel hingelegt: «Ich bihn bai Petr.» Soll sie ihm am Abend seine Fehler zeigen? Oder soll sie einfach nur sagen: «Schön, dass du mir eine Nachricht geschrieben hattest. Da wusste ich ja, wo du warst.»?

Tims Mutter weiß, dass Tim weiß, dass er viele Fehler schreibt. Er würde nicht weniger Fehler machen, wenn sie sie ihm immer wieder vorhielte. Er würde aber mit Sicherheit weniger bereitwillig regelmäßig mit ihr üben. Sie weiß auch, dass es für Tim keine Garantie für Fortschritte im Rechtschreiben gibt. Wenn jedoch irgendetwas die Chance dazu bietet, dann nur regelmäßiges Üben.

10. Wenn das Lernergebnis gut ist

… sollte das Lob sich auf die dahinter stehende Anstrengung beziehen.

Wer häufig beim Rechtschreiben Misserfolge erlebt, glaubt von sich selbst, er könne einfach nicht richtig schreiben, oder gar, er wäre zu dumm dazu. Manchmal äußern Schulkinder sich entsprechend: «Warum soll ich denn schon wieder üben, ich lern das doch sowieso nie.» Oder: «Ich werde sowieso nie so gut wie die anderen.» Damit gerät ein Teufelskreis aus Versagen und Verzagen (vgl. S. 25) in Gang: Weil ich trotz Übens viele Fehler mache, wächst meine Überzeugung, Üben nütze für mich nichts. Also stelle ich verzagt das Üben ein – und damit wächst meine Fehlerzahl weiter.

Um diesen Teufelskreis nicht nur zu durchbrechen, sondern sogar umzukehren, werden ermutigende Erwachsene dem Kind immer wieder verdeutlichen, dass sein Bemühen etwas nützt. Der Kommentar «Du hast alles richtig / so wenige Fehler, weil du dich konzentriert / angestrengt hast» macht deutlich, dass die Konzentration oder Anstrengung etwas nützt. Übrigens fällt mir meine Konzentration oder Anstrengung selbst gar nicht auf, wenn mir die Situation Spaß macht. Man kann auch ganz locker und gleichzeitig hochkonzentriert arbeiten.

11. Ein Erfolgserlebnis

... sollte grundsätzlich am Ende jeder Übung stehen, weil sie dann nächstes Mal gerne wieder akzeptiert wird.

Der Erfolg eines jeden Trainings steht und fällt mit der disziplinierten Regelmäßigkeit, mit der es durchgeführt wird. Eine alte Trainerweisheit lautet:

Nichts motiviert mehr als der Erfolg.

Nun lassen sich weder im Sport noch im Rechtschreiben durchgreifende Erfolge auf die Schnelle erzielen. Aber Erfolgs*erlebnisse* sind zu jeder Zeit möglich. Rechtschreibschwache Kinder erleben es möglicherweise als Erfolg, wenn sie ein Wort richtig buchstabiert, «nämlich» endlich einmal ohne «h» geschrieben oder den zu suchenden Fehler im Satz gefunden haben. Sie sollten so lange verstärkendes Lob spenden, bis das Kind seine Fortschritte selbst wahrnehmen und loben kann.

Philipp, Tim oder Kai, Verena, Maria oder Jennifer – sie alle werden gerne auch morgen wieder mit Ihnen eine Übungs-Viertelstunde absolvieren, wenn Sie die heutige mit einer Aktion beenden, bei der Sie ein Lob aussprechen können. Machen Sie daraus ein Ritual. Ob Sie Ihr Kind ein Wort aus dieser Einheit noch einmal buchstabieren lassen oder nach der richtigen Schreibweise eines vorhin falsch geschriebenen Wortes fragen, spielt keine Rolle. Wichtig ist, am Ende sagen zu können: «Prima, das hast du gut gemacht.» Oder: «Spitze, das hast du dir gut gemerkt!» Die positive Stimmung, mit der das Üben beendet wird, trägt die Motivation für das Weiterüben und verstärkt die Erwartung, dass es ja doch irgendwann einmal zu zählbaren Erfolgen führen wird.

Kapitel 3 |
Die Schubs®-Methode im Überblick

«Lernen ist nur dann trocken,

langweilig, frustrierend oder schwierig,

wenn die Arbeitsweise des Gehirns

nicht berücksichtigt wird.»

(Vera F. Birkenbihl)

Die «zählbaren Erfolge» sind für Kinder wie Eltern entscheidend. Aber nur in den wenigsten Fällen führt das häusliche Üben des Rechtschreibens zu nachhaltigen zählbaren Erfolgen. Solange es noch um geübte Diktate geht, erreichen manche Schüler durch intensive Arbeit bessere Noten. Immer wieder lässt sich jedoch beobachten, dass die geübten Wörter schon bald wieder falsch geschrieben werden.

Mit Diktaten lässt sich nun einmal die Rechtschreibfähigkeit nicht grundlegend verbessern (s. S. 20ff.). Wer mit den üblichen Unterrichtsmethoden keine zufrieden stellenden Leistungen erzielt, benötigt auf jeden Fall ganzheitliche Übungsformen, um zum Erfolg zu gelangen.

Die Schubs®-Methode versetzt eine erwachsene Bezugsperson in die Lage, mit dem rechtschreibschwachen Kind drei- bis viermal pro Woche für jeweils 15 Minuten nach einem bestimmten und immer gleichen Schema zu üben. Die Übungsformen sind ganzheitlich angelegt.

Übungsgrundsätze der Schubs®-Methode

Nur mit eigenen Fehlerwörtern arbeiten

Kinder, die immer wieder Misserfolge im Zusammenhang mit dem Schreiben erleben, schreiben normalerweise nicht gerne. Andererseits ist es aber eine Binsenwahrheit, dass jeder Mensch das leichter und nachhaltiger lernt, was er gerne tut.

Kinder lernen wenig bis nichts, wenn sie immer wieder längere Texte schreiben und dabei Abneigung empfinden. Erzwungene Diktate schädigen ihre Leistungsmotivation sogar empfindlich. Um diese Nebenwirkung des Übens zu vermeiden, sollte wenig geschrieben werden, aber dieses wenige umso intensiver. Der erste Schritt besteht darin, das zu übende Wortmaterial auf die eigenen Fehlerwörter des Kindes zu begrenzen. Schließlich schreibt auch ein «schwacher» Rechtschreiber weitaus mehr als die Hälfte, manchmal 80 bis 90 Prozent aller Wörter, richtig. Warum also sollte er die alle üben, wenn nur 10 bis 20 Prozent (oder selten mehr) seines Schreib-Wortschatzes problematisch sind?

Das können Sie tun:

- *Sammeln Sie die Fehlerwörter Ihres Kindes.*
- *Immer, wenn Sie ein falsch geschriebenes Wort in einer Hausaufgabe, einem Aufsatz, auf dem Einkaufszettel oder in einem Diktat finden, notieren Sie es.*
- *Schreiben Sie es in der Form auf, in der Sie es finden, also zum Beispiel «siehst», «schönes» oder «Katzen».*
- *Schreiben Sie das Wort in Druckschrift auf (s. Abb.).*
- *Gönnen Sie jedem Fehlerwort einen eigenen Notizzettel.*
- *Sammeln Sie die Notizzettel in einer leeren Schachtel oder Keksdose.*

Warum sollen Sie so vorgehen? Das Ziel besteht darin, die Fehlerwörter nach und nach auszumerzen. Auch Ihr Kind möchte gerne so viele Wörter wie möglich korrekt schreiben. Also müssen die irgendwann einmal falsch geschriebenen Wörter so geübt werden, dass sie für immer richtig abgespeichert sind. Dazu müssen sie erst einmal gesammelt werden.

Die Druckschrift ist die übliche Leseschrift. Sie ist für die Fehlerwörter-Sammlung erforderlich, weil der erste Schritt des «Durcharbeitens» in einer bestimmten Leseübung besteht (vgl. S. 52 ff).

Schreiben Sie das Wort orthographisch korrekt auf den Zettel, also Substantive («Namenwörter») mit großem Anfangsbuchstaben und ansonsten alle Buchstaben klein. Die Schriftgröße darf gerne etwas größer sein als bei normaler Handschrift.

Der Notizzettel ist das Arbeitsmittel, das den Ausgangspunkt des «Durcharbeitens» (vgl. S. 52 ff.) bildet und weggeworfen wird, wenn dieses mit dem Anlegen einer Karteikarte abgeschlossen ist.

Der Materialaufwand für die Fehlerwörter-Sammlung ist also gering: ein Päckchen Notizzettel, z. B. ein Notizklotz, und eine leere Schachtel zur Aufbewahrung der beschrifteten Zettel, beispielsweise eine

Keksdose. Wenn das Üben nach der Schubs®-Methode mit dem Verzehr einer Dose leckerer Kekse beginnt, so wird das der Motivation sicher nicht abträglich sein ...

Die Übungshäufigkeit

Wenn die Lehrerin fordert, das Rechtschreiben müsse zu Hause «mehr» geübt werden, stellt sich natürlich die Frage nach dem rechten Maß. Die Lehrerin weiß in aller Regel nicht, wie hoch der Übungsaufwand bereits ist. Außerdem hilft es nichts, noch mehr auf die Art zu üben, die bisher so frustrierend erfolglos geblieben ist.

Wenn Sie mit Ihrem Kind nach der Schubs®-Methode arbeiten wollen, sollten Sie es nicht mit einem zu großen Pensum überfordern. Dreimal pro Woche eine Viertelstunde reicht für Kinder ab dem dritten Schuljahr völlig aus; ab Klassenstufe fünf dürfen es auch vier Einheiten pro Woche sein.

Schüler des ersten und zweiten Schuljahrs benötigen die Schubs®-Methode noch nicht komplett. Für sie reicht es normalerweise, ihre Fehlerwörter täglich fünf Minuten rückwärts abbauend zu lesen (vgl. S. 52 ff.).

Das können Sie tun:

- *Vereinbaren Sie mit Ihrem Kind ganz genau, an welchen Wochentagen um welche Uhrzeit geübt werden soll. (Natürlich müssen diese Zeiten mit Ihrem sonstigen Tagesablauf vereinbar sein.)*
- *Berücksichtigen Sie dabei bitte auch, dass Ihr Kind um diese Zeit möglichst konzentriert sein soll (vgl. S. 33).*
- *Ihr Kind kann die Übungszeiten in seinen Wochenplan eintragen (vgl. S. 32).*
- *Verabreden Sie mit ihm, wie es die Zeitgrenzen kontrollieren darf, zum Beispiel mit einem Küchenwecker; es soll die Garantie haben, dass wirklich nicht mehr gearbeitet werden wird als abgesprochen.*

Manchmal fragen mich Eltern bei einem meiner Workshops zur Schubs®-Methode, ob es denn nicht besser sei, ein wenig mehr zu üben, besonders dann, wenn das Kind Freude daran habe. «Viel hilft viel», sagt der Volksmund ja auch. Aber davor möchte ich Sie warnen! Kinder brauchen jeden Tag noch freie, unverplante Zeit zum Spielen. Auch Zeit zum Trödeln und Träumen muss ihnen übrig bleiben, denn das ist die Quelle ihrer Phantasie und Kreativität. Selbst wenn das Üben nach der Schubs®-Methode Spaß macht, sollten Sie es konsequent begrenzen, damit die Kinder über längere Zeit hinweg nicht die Lust daran verlieren.

Wer – aus welchen Gründen auch immer – gravierende Schwächen im Rechtschreiben aufweist, braucht genügend Zeit, um sie gemäß seinen Möglichkeiten mehr oder weniger vollständig überwinden zu können. Gerade für Kinder ist es nicht immer leicht, genügend Geduld dafür aufzubringen, aber die schnellen Erfolge gibt es nun einmal nicht.

Üben in entspannter Atmosphäre

Für sehr viele Mütter und Väter bedeutet das einen hohen Anspruch. In fast jeder zweiten Familie gibt es regelmäßig Konflikte wegen Hausaufgaben oder Noten. Das besondere Verhältnis zwischen Eltern und Kindern sollte nicht durch ständiges Bewerten belastet werden. Kinder erleben die Kritik an ihren Schulleistungen bis in die Pubertät hinein als Kritik an ihrer Person, selbst wenn sie nicht so gemeint sein sollte.

Um eine entspannte Atmosphäre beim Üben zu schaffen, müssen Eltern gelassen sein können. Die Schubs®-Methode bietet Ihnen die Chance, die Gelassenheit in Übungssituationen mit Ihrem Kind zu trainieren und zu verbessern.

Das können Sie tun:

- *Nehmen Sie sich vor jeder Übungseinheit bewusst vor, geduldig und gelassen zu bleiben.*
- *Seien Sie sich klar: Sie können Ihr Kind nicht «lernen machen» – Sie können nur sein Begleiter sein auf dem Weg, selbst zu begreifen, zu verstehen und zu lernen.*
- *Loben Sie sich selbst nach jeder «Geduldsprobe» oder zumindest nach jeder Übungseinheit für Ihre Gelassenheit.*
- *Wenn Sie spüren, dass Sie heute nervös, gestresst und ungeduldig sind und sich während der Übungseinheit wahrscheinlich nicht werden beherrschen können, dann lassen Sie sie konsequent ausfallen.*
- *Wenn Ihr Kind heute «von der Rolle» ist, vielleicht wegen Ärger in der Schule oder mit einem Freund, dann gilt das Gleiche.*

Sicher ist geduldige Gelassenheit ein Stück weit lernbar. Sie sollten aber weder sich selbst noch Ihrem Kind einen Vorwurf daraus machen, wenn Sie in der Übungssituation ungeduldig werden. Doch selbst dann müssen Sie nicht auf die Schubs®-Methode verzichten. Vielleicht findet sich jemand in der Nachbarschaft, im Freundeskreis oder unter den Eltern aus der Schulklasse Ihres Kindes, der ähnliche Probleme hat. Dann tauschen Sie Ihre Kinder für die Übungseinheiten einmal aus. Sie werden staunen, wie gelassen Sie auf einmal sein können! Sie werden zudem überrascht sein, wie viel höflicher ein anderes Kind Ihnen gegenüber beim Üben bleibt. Das gilt natürlich genauso für Ihr eigenes Kind in fremder Umgebung.

Das Durcharbeiten der Fehlerwörter

Auf der Basis dieser allgemeinen Grundsätze werden alle Übungseinheiten gestaltet. Jede Übungs-Viertelstunde umfasst (ab der dritten Woche) zwei Tätigkeitsfelder: das Aufschreiben bereits durchgearbeiteter Wörter in Form eines Wortdiktates (S. 75 ff.) sowie das Durcharbeiten von einem oder mehreren Fehlerwörtern (vgl. S. 52 ff.).

Das Durcharbeiten eines Fehlerwortes findet in einem festen Ablaufritual mit immer gleicher Schrittfolge statt, die beispielsweise folgendermaßen aussehen kann (vgl. S. 73 ff.):

- *rückwärts abbauendes Lesen des Wortes*
- *Schreiben des Wortes mit dem Finger auf der Tischplatte*
- *Silbenballett tanzen*
- *Schreiben des Wortes mit dem Finger an die Wand*
- *Schreiben des Wortes mit dem Finger an die Decke*
- *Schreiben des Wortes mit dem «Nasenpinsel» an die Decke*
- *Dreimal die liegende Acht nachfahren und Schreiben des Wortes mit dem Finger in die rechte Schleife*
- *Dreimal die liegende Acht nachfahren und Schreiben des Wortes mit dem Finger in die linke Schleife*
- *Schreiben des Wortes in Schönschrift auf eine Karteikarte*
- *Ableitungen und verwandte Wörter auf der Rückseite der Karteikarte notieren*

Das Üben mit den Karteikarten-Wörtern

Da sich erst nach und nach durchgearbeitete und auf Karteikarten gesicherte Wörter ansammeln, wird erst in der dritten Woche mit den Wortdiktaten begonnen. Nach dem Durcharbeiten hat der Notizzettel, auf dem das Fehlerwort von Ihnen notiert worden war, ausgedient und kann weggeworfen werden. Das Wort steht jetzt auf einer Karteikarte, die in einer anderen, zweiten Dose aufbewahrt wird. Diese wird nach und nach voller werden – ein sichtbares Zeichen für den bisher schon aufgebrachten Fleiß.

Das Ziel ist aber, diese Karteikartensammlung wieder zu reduzieren. Immer dann, wenn das Kind ein Karteikartenwort endgültig beherrscht, kann die entsprechende Karte aussortiert werden und gilt als erledigt. Ihr Kind schafft das, indem es diese Wörter immer wieder nach Diktat schreibt.

Sie beginnen ab der dritten Woche jede Übungseinheit mit einem solchen Wortdiktat, das folgendermaßen ablaufen kann (ausführliche

Schilderung und Erläuterungen ab S. 76):

- *Ihr Kind wählt acht bis zehn Wörter nach dem Zufallsprinzip aus.*
- *Sie diktieren die Wörter ohne jeden Hinweis auf mögliche oder tatsächliche Fehler.*
- *Lassen Sie genügend Zeit zum Nachdenken; Ihr Kind bestimmt das Tempo.*
- *Es vergleicht seine Wörter selbst mit der Vorlage und begründet eventuelle Fehler.*
- *Ihr Kind markiert jedes richtig geschriebene Wort auf der Karteikarte mit einem Strich (Bleistift).*
- *Wird ein Wort (wieder) falsch geschrieben, werden alle Striche auf der Karteikarte ausradiert; sie muss wieder bei null beginnen.*
- *Erreicht Ihr Kind bei einem Wort den fünften Strich, darf «gefeiert» und die Karteikarte aussortiert werden.*

Der Aufbau von Denkstrategien beim Schreiben

Bei sehr vielen rechtschreibschwachen Kindern gibt es einen Zusammenhang zwischen der Fehlerquote und ihrer so genannten kognitiven Impulsivität.

Unter kognitiver Impulsivität versteht man einen Denk- und Problemlösestil, der von Planlosigkeit und fehlender Systematik geprägt ist.

Kognitive Impulsivität gilt als eines der Leitsymptome des ADHD (auch als «ADS» bezeichnet), also der Aufmerksamkeitsschwäche mit oder ohne Hyperaktivität. Sie kommt jedoch auch unabhängig davon vor.

Kognitiv-impulsive Kinder fallen durch zu rasches Ausführen von Aufgaben auf, ohne die Ausführung vorab zu durchdenken («Flüchtigkeitsfehler»). Sie berechnen zum Beispiel Sachaufgaben in Mathematik, ohne sich vergewissert zu haben, was sie als Lösung suchen. Sie schreiben Wörter, ohne sich vorher zu überlegen, wie sie sie schreiben sollten. Es gibt jedoch auch langsame kognitiv-impulsive Kinder, die zwar nicht hastig, wohl aber ohne Strategie denken und handeln. Ihre Planlosigkeit wird nicht selten aus Unkenntnis für Intelligenzmangel gehalten.

Die Fehlerquote beim Rechtschreiben und die kognitive Impulsivität können auf zweifache Weise miteinander zusammenhängen: Einerseits führt ein unsystematischer Denkstil zwangsläufig zu mehr Fehlern und kann bei betroffenen Kindern als eine der Ursachen für ihre Rechtschreibschwäche gelten. Andererseits können Kinder zu einem impulsiven Arbeitsstil getrieben werden, wenn sie schnell schreiben sollen, ohne bereits genügend schreibsicher zu sein. Wer viele Fehler macht, möchte sein Pensum nach dem Motto «Hauptsache fertig!» schnell hinter sich bringen, wenn vermeintlich ein Misserfolg droht.

Die Schubs®-Methode bietet als Mittel zur Überwindung von Flüchtigkeit beim Schreiben ein so genanntes Reflexivitätstraining an (S. 83 ff.). Es kann als Acht-Wochen-Training in das Übungsprogramm eingebaut oder auch vollkommen unabhängig von ihm durchgeführt werden. Das Reflexivitätstraining befähigt Kinder, eine Denkstrategie für das Rechtschreiben zu erwerben und während des Schreibvorgangs anzuwenden. Das bringt ganz besonders denjenigen deutliche Fortschritte, deren Rechtschreibung von überdurchschnittlich vielen «Regelfehlern» gekennzeichnet ist.

Die zeitliche Perspektive

Was Eltern wie Kinder gleichermaßen interessiert, ist die Frage nach dem zeitlichen Verlauf. Wie lange muss man nach der Schubs®-Methode arbeiten, um einen Erfolg zu sehen? Wann kann man die zusätzlichen Übungen wieder einstellen?

Dass es keine Patentrezepte mit Sofortwirkung gibt, ist den meisten Menschen klar. Dennoch besteht häufig die Hoffnung auf eine «Blitzlösung», denn der Leidensdruck auf allen Seiten ist groß.

Ich habe im Laufe der Zeit zahlreiche «Therapiehopper» kennen gelernt, die mit ihrem Kind erfolglos von Lerntrainer zu Arzt, von Institut zu Therapeut gezogen sind. Mit der Erwartungshaltung, «jemanden» finden zu wollen, der «das Problem löst», lassen sich Rechtschreibschwierigkeiten kaum überwinden.

Das Kind «besitzt» die Rechtschreibschwierigkeiten und muss sie selbst überwinden wollen. Seine Eltern müssen ihm dieses Problem lassen, denn sie können es nicht für ihre Tochter oder ihren Sohn lösen. Sie können und sollen jedoch die günstigen Rahmenbedingungen gestalten, unter denen ihr Kind am Problem arbeiten soll. Dazu gehört natürlich auch die eventuell nötige Suche nach fachlicher Unterstützung für das *Wie* des Arbeitens am Problem.

WICHTIG

Ob Arzt, Nachhilfelehrer, Lerntherapeut oder Legasthenie-Institut – die Verantwortung für das aktive Lernen und Üben bleibt beim Kind; die Verantwortung für gute Rahmenbedingungen und ermutigende Begleitung bleibt bei den Eltern.

Von diesen Voraussetzungen geht die Schubs®-Methode aus.

Bei der richtigen Umsetzung ergibt sich folgende zeitliche Entwicklung:

- *Jede Woche wird drei- bis viermal eine Viertelstunde lang geübt.*
- *Das Durcharbeiten eines Fehlerwortes dauert im Durchschnitt fünf Minuten, bis es auf einer Karteikarte gespeichert ist.*
- *Während der ersten zwei Wochen werden in jeder Übungseinheit etwa drei Wörter aus der Fehlerwörter-Sammlung durchgearbeitet.*
- *Ab der dritten Woche beginnt die Übungseinheit mit einem Wortdiktat von acht bis zehn Karteikarten-Wörtern. Es bleibt anschließend noch Zeit für das Durcharbeiten von ein bis zwei neuen Fehlerwörtern.*
- *Karteikarten-Wörter, die fünf Striche erreicht haben, werden aussortiert, weil ihre Schreibung als endgültig gesichert gelten darf.*
- *Im Laufe eines Jahres mit 40 Schulwochen werden im Durchschnitt rund 150 Karteikarten-Wörter aussortiert. Das entspricht zehn Prozent vom Grundwortschatz eines Viertklässlers und bedeutet eine sichtbare und meist auch schon notenmäßig feststellbare Verbesserung des Fehlerniveaus.*
- *Nach zwei Jahren kontinuierlichen Übens mit der Schubs®-Methode sind die meisten Schüler beim Durchschnittsniveau ihrer Klassenstufe angekommen.*

Die hier angegebenen Zahlen beruhen auf meinen Erfahrungen und können individuell natürlich abweichen. Meiner Erfahrung nach machen ausnahmslos alle Schüler (übrigens auch Jugendliche und junge Erwachsene) Fortschritte, wenn sie die Selbstdisziplin des regelmäßigen Übens auf diese ganzheitliche Art aufbringen. Haben Eltern die Geduld, ihrem Kind genügend Zeit zum Überwinden seiner Lernschwierigkeiten einzuräumen, wird sich das für seine weitere Entwicklung allemal positiv auszahlen.

steh

Kapitel 4 |

Fehlerwörter sammeln und systematisch durcharbeiten

«Die Freude fördert das Lernen

wie die Sonne

das Wachsen im Garten.»

(Marion Bergk)

Das Sammeln der Fehlerwörter (vgl. S. 42 ff.) ist eine Aufgabe für den Lern- und Übungshelfer, vor allem weil Schulkinder ihre Fehler nicht zuverlässig selbst entdecken. Außerdem sollten sie nicht ständig von der Tatsache frustriert werden, dass sie ein Wort ums andere falsch geschrieben haben.

Es geht dabei nicht um «falsche Schonung»; ein rechtschreibschwaches Kind weiß schließlich ganz genau um sein Problem und leidet in aller Regel darunter. Es geht vielmehr um Zuversicht für einen ganz neuen Versuch, die Rechtschreibfertigkeit zu verbessern. Wenn Sie das erste Mal mit Ihrem Kind vor der Keksdose mit den Fehlerwörter-Zetteln sitzen, formulieren Sie eine positive, vorwärts gewandte Perspektive. Sie könnten Ihrem Kind erklären:

«Das ist die Dose mit den Zetteln, auf denen ich die Wörter notiert habe, die du schon mal falsch geschrieben hast. Da kommen sicher im Laufe der Zeit noch einige hinzu. Die Wörter ärgern dich bestimmt, vielleicht hältst du sie auch für deine Feinde.

Aber du kannst die Feinde besiegen oder vielleicht sogar zu deinen Freunden machen. Du musst dich nur mit jedem Wort gründlich auseinander setzen. Dafür lassen wir uns genügend Zeit. So wie die Fehler sich nach und nach angesammelt haben, kannst du sie auch nach und nach wieder abtragen.»

Die Fehlerwörter sammeln Sie unabhängig von den Übungseinheiten Ihres Kindes. Sie müssen nicht befürchten, dass Sie dabei Tausende von Zetteln produzieren. Der Grundwortschatz beträgt im vierten Schuljahr etwa 1500 Wörter. Kein Kind schreibt sie alle falsch. Zudem werden im Verlauf des Übens auch Ableitungen und verwandte Wörter besprochen, sodass es einen Übertragungseffekt gibt. Sie werden schon nach ein paar Wochen merken, dass Ihr Kind erste Rechtschreib-Einsichten gewinnt und auf andere Wörter überträgt.

1. Schritt: Rückwärts abbauendes Lesen

Wenn Sie zum ersten Mal vor der Keksdose sitzen, in der sich die Fehlerwörter-Zettel befinden, darf Ihr Kind hineinfassen und wie aus einer Lostrommel einen Zettel ziehen. Es spielt nämlich keine Rolle, mit welchem Wort Sie beginnen.

Nehmen wir als Beispiel an, auf dem Zettel steht das Substantiv «Hund». Vielleicht hat Ihr Kind einmal «Hunnd» oder «Hunt» geschrieben, was übrigens beides Sinn macht. Schließlich lernen Schüler irgendwann die Regel, dass nach einem kurzen Vokal unter bestimmten Umständen eine Konsonantenverdopplung folgt (z. B. «können»). Und klingt das «d» in «Hund» (lautschriftlich: [hunt]) nicht wie «t»? Es gibt keine «dummen» Fehler. Allein schon das Reden darüber, warum ein Kind ein Wort auf seine spezielle Weise geschrieben hat, kann für es selbst wie auch für uns Erwachsene sehr aufschlussreich sein.

Das Fehlerwort «Hund» soll also mit dem vorläufigen Ziel durchgearbeitet werden, dass Ihr Kind seine Schreibweise genau kennt. Als äußeres Zeichen für den Abschluss des Durcharbeitens dieses Wortes steht es am Ende, nach durchschnittlich fünf Minuten, auf einer Karteikarte, die in einer zweiten Dose oder Schachtel aufbewahrt wird. Der Notizzettel kommt dann ins Altpapier; die Karteikarte wird immer wieder bei Wortdiktaten gezogen werden.

Die erste Aktion in Bezug auf das zufällig gezogene Wort «Hund» ist nun, kurz über Hunde zu sprechen. Üblicherweise wird ein Wort nur mechanisch zu schreiben geübt. Wer sich jedoch mit dem damit verknüpften Inhalt beschäftigt, kann sich etwas Konkretes vorstellen, gewinnt eine Beziehung zum Wort und merkt sich sogar seine Schreibweise besser.

Also fragen Sie Ihr Kind beispielsweise:

«Magst du Hunde? Hast du schon mal einen Hund gestreichelt? Hast du schon mal Angst vor einem Hund gehabt?»

Sollte das zu übende Wort weniger konkret sein und beispielsweise «jetzt» lauten, dann lassen Sie Ihr Kind einfach einen Satz mit «jetzt» bilden und sprechen mit ihm über den Unterschied von «jetzt» und «später».

Die Abdecktechnik

Nun erst folgt das eigentliche rückwärts abbauende Lesen. Neben dem Fehlerwort-Zettel benötigen Sie noch zwei weitere leere Zettel oder Karteikarten zum Abdecken.
Gehen Sie nach folgendem Muster vor:

(M. = Mutter; K. = Kind;
grau unterlegte Buchstaben = zugedeckt):

Auf dem Tisch liegt der Zettel mit dem Wort

Hund

M.: *«Bitte lies noch einmal das ganze Wort!»*
K.: *«Hund.»*
M.: *«Gut.»*

Decken Sie so ab: Hund

M.: *«Wie heißt der letzte Laut?»*
K.: *«d.»* (Ihr Kind soll [d] sagen, nicht «de» [de:]!)
M.: *«Prima.»*

Decken Sie so ab: Hund

M.: *«Wie heißt das Wort jetzt?»*
K.: *«Hun.»*
M.: *«Richtig.»*

Decken Sie so ab: Hund

M.: *«Wie heißt jetzt der letzte Laut?»*
K.: *«n.»* (Ihr Kind soll [n] sagen, nicht «en»)
M.: *«Gut.»*

Decken Sie so ab: Hund

M.: *«Wie heißt das Wort jetzt?»*
K.: *«Hu.»*
M.: *«Okay.»*

Decken Sie so ab: Hund

M.: *«Wie heißt jetzt der letzte Laut?»*
K.: *«u.»*
M.: *«Ja.»*

Decken Sie so ab: Hund

M.: *«Und wie heißt der Rest vom Wort?»*
K.: *«H.»*
(Ihr Kind soll [h] sagen, nicht «ha»!)
M.: *«Jawohl.»*

Decken Sie das Wort noch einmal auf: Hund

M.: *«Lies bitte das ganze Wort noch einmal.»*
K.: *«Hund.»*
M.: *«Prima.»*

Sagt das Kind beim Buchstaben «d» auf Ihre Frage nach dem Laut zunächst «de» [de:] anstatt [d], dann antworten Sie: «Richtig, so heißt der Buchstabe. Aber wie klingt er?» Sie können auch fragen: «Wie habt ihr im ersten Schuljahr dazu gesagt?» Normalerweise werden die Buchstaben im Anfangsunterricht lautiert.

Ganz so ausführlich werden die Dialoge sicherlich nur am Anfang bei den ersten Fehlerwörtern sein. Worauf Sie jedoch auf keinen Fall verzichten sollten, sind die kleinen Bestätigungen und Lobesäußerungen *nach jedem Laut (!)* wie «prima», «ja», «gut», «okay», «richtig» usw. Sie helfen rechtschreib-unsicheren Kindern ganz enorm. Als ich diese Technik kennen lernte, probierte ich sie im Förderkurs eines siebten Schuljahrs zum ersten Mal aus und war skeptisch, wie das bei Zwölf- und Dreizehnjährigen ankommen würde. Aber meine Sorge war unbegründet. Es machte den Kindern einen Riesenspaß, die Wörter derart rückwärts abbauend zu lesen. Endlich hatten sie Gelegenheit, mit Schriftsprache etwas erfolgreich zu tun! Es ging ganz einfach, und bereits nach ein paar Minuten sagte ein hartnäckiger Legastheniker: «Wenn ich das Wort rückwärts abgebaut habe, sehe ich es ganz anders.» Das ermutigte mich damals sehr in der Weiterentwicklung meines Förderansatzes.

Üben Sie das Abdecken gründlich, bevor Sie es zum ersten Mal mit Ihrem Kind zusammen ausführen. Nach den ersten Wörtern soll Ihr Kind selbst mit den Abdeckzetteln hantieren, wie es überhaupt grundsätzlich immer alles das selbst tun soll, was es kann. Hier noch einmal ein Wortbeispiel zum rückwärts abbauenden Lesen, jedoch ohne Dialog. Vielleicht nehmen Sie sich ein paar Zettel und machen mit?

l e r n e n – sprich: lernen

l e r n e n – sprich: [n]

(also nicht «en»!)

l e r n e n – sprich: lerne

l e r n e n – sprich: [e:] oder [e]

l e r n e n – sprich: lern

l e r n e n – sprich: [n]

(also nicht «en»!)

l e r n e n – sprich: ler

l e r n e n – sprich: [r]

(also nicht «er»!)

l e r n e n – sprich: le

l e r n e n – sprich: [e:] oder [e]

l e r n e n – sprich: l [l]

(nicht «el»)

l e r n e n – sprich: lernen

Ob in diesem Wort die beiden «e» lang oder kurz gesprochen werden, ist für das Ziel, den richtigen Buchstaben «e» beim Schreiben an der richtigen Stelle einzusetzen, nicht wichtig; beides ist erlaubt. Wichtig ist für das Verstehen der Schreibweise des Wortes, dass die Konsonanten «l», «r» und «n» frei von Vokalbeimischungen lautiert werden.

Lautanalyse und -synthese

Das rückwärts abbauende Lesen beinhaltet gleichzeitig die Lautanalyse, also das Benennen aller einzelnen Laute eines Wortes, sowie die Lautsynthese, das Zusammenlesen der aufeinander folgenden Laute. «Warum von hinten?», fragen mich immer wieder erstaunt Eltern wie auch Lehrkräfte. Sie sind es eher gewohnt, Wörter durch Lautieren von vorne her aufzubauen:

H
H u
H u n
H u n d

Ich sehe vier wichtige Argumente für das rückwärts abbauende Lesen:

- Den Wechsel von Lautanalyse und -synthese kann man überhaupt nur durchführen, wenn die Laute vom Wortende her analysiert werden. Wie sollte denn beispielsweise

  H u n d
  u n d
  n d
  d

  in der dritten Zeile gelesen werden, wenn die Laute von vorne her analysiert und weggenommen würden?
- Das *aufbauende* Vorgehen gelingt nur den Kindern problemlos, die die Buchstaben-Laut-Zuordnung bereits sicher beherrschen. Rechtschreibschwache Kinder weisen darin oft noch Unsicherheiten auf.
- Außerdem ist dieses Aufbauen ein rein mechanischer Vorgang, bei dem die Bedeutung des Wortes erst dann eine Rolle zu spielen beginnt, wenn der Wortstamm klar wird. Wer vom fertigen Wort ausgeht, denkt immer auch den Sinn des Wortes mit. Überdies ist es die natürliche Vorgehensweise bei jeglichem Lernen, einer Sache als Ganzes zu begegnen und sie dann zu analysieren.
- Und schließlich wird beim rückwärtigen Abbauen eines Wortes sehr viel intensiver zusammengelesen als beim Aufbauen. Die Klangqualität des Wortes ist Ausgangspunkt für das Wahrnehmen von klanglichen Veränderungen beim allmählichen Wegnehmen von Lauten am Ende. Darum konnte jener Schüler aus meinem Förderunterricht sagen, dass er das Wort jetzt ganz anders sehe.

Zusammengesetzte Laute

Das Lautieren ist beim rückwärts abbauenden Lesen notwendig, um die Buchstaben-Laut-Zuordnung zu festigen. Zum richtigen Schreiben muss das Kind sicher darin sein, einem Laut den entsprechenden

Buchstaben zuzuordnen. Das ist in der deutschen Sprache nicht ganz einfach, weil wir nicht alles lautgetreu schreiben. Es gibt nämlich zahlreiche Laute, die aus mehreren Buchstaben zusammengesetzt werden. Ein paar Beispiele:

H(au)s, L(ei)ter, h(äu)fig, h(eu)len
(Sch)ule, la(ch)en, e(ch)t

Bevor ein Wort rückwärts abgebaut werden kann, stellen Sie daher Ihrem Kind stets die Frage: «Gibt es hier einen Laut, den du einkringeln musst?» Ihr Kind wird die Regel sehr schnell verstehen, dass es solche Laute einkreisen muss, die aus mehr als einem Buchstaben bestehen.

Beim abbauenden Lesen wird dann folgendermaßen gesprochen:

H (a u) s – sprich: Haus
H (a u) s – sprich: [s] (nicht «es»!)
H (a u) s – sprich: Hau
H (a u) s – sprich: «au» [a¨], geschrieben a – u

(Beim eingekringelten Laut spricht das Kind also sowohl den Laut als auch die Buchstaben, aus denen er zusammengesetzt ist.)

H (a u) s – sprich: [h] (nicht «ha»!)
H (a u) s – sprich: Haus

Weitere Laute, die Ihr Kind vor dem rückwärts abbauenden Lesen einkringeln soll, sind beispielsweise:

S(aa)l, M(oo)s, T(ee)r
re(nn)en, (sch)wi(mm)en,
Hü(tt)e, la(ss)en
F(eh)ler, F(ah)ne, (Uh)r
l(ie)b, s(ieh)st, f(üh)len
(St)ern (aber: Ostern)
(Sp)aß (aber: Kasper)
Fu(chs), Ke(ks), Kle(cks)
(aber: Nixe)

Ich kann und will hier keine abschließende Aufzählung einzukringelnder Laute vornehmen. Allein schon das Anschauen des Wortes darauf hin, ob es besonders *MERK-würdige* Laute enthält, ist eine hilfreiche Aktion. Die Entscheidung darüber, welchen Laut es einkringelt, kann Ihr Kind mit Hilfe der Regel (Laute, die aus mehr als einem Buchstaben bestehen) selbst treffen.

Welche(n) Kringel würden Sie selber bei «Fahrrad» setzen? Streng nach der Regel müsste es «F(ah)(rr)ad» sein. Sollte Ihr Kind aber wissen, dass es sich hier um ein Kompositum handelt, also um ein aus zwei Wörtern zusammengesetztes Wort, wird es auch mit «F(ah)rrad» erfolgreich sein.

«ng»-Laute [ŋ] wie in «singen» müssen nach der Regel nicht eingekringelt werden. Hat Ihr Kind jedoch besondere Schwierigkeiten damit, darf es jedes «ng» mit einem Kringel hervorheben und beim rückwärts abbauenden Lesen an der entsprechenden Stelle sagen: «[ŋ], geschrieben n – g.»

Und noch ein Hinweis für solche Kinder, die deutlich schwäbeln: Sagt Ihr Kind grundsätzlich «Oschtern» [oːʃtɛrn] anstelle von «Ostern» [oːstɛrn], dann ist es sinnvoll, abweichend von den obigen Beispielen das «st» einzukringeln und an dieser Stelle zu sagen: «scht» [ʃt], geschrieben s – t.

Auch die Frage nach dem Umgang mit «ß», «v» oder «y» kann flexibel und je nach Lern- bzw. Entwicklungsstand des Kindes beantwortet werden.

Ich empfehle, einen einzelnen, von der Lautnorm abweichenden Buchstaben zu unterstreichen und beim rückwärts abbauenden Lesen wie einen Kringel zu behandeln, also zum Beispiel:

v(ie)l – sprich: [fiːl]

v(ie)l – sprich: [l] (nicht «el»)

v(ie)l – sprich: [fiː]

v(ie)l – sprich: [iː], geschrieben i – e

v(ie)l – sprich: [f], geschrieben Vogel-vau

v(ie)l – sprich: [fiːl]

Die Alternative zur Abdecktechnik

Die ausführliche Darstellung des rückwärts abbauenden Lesens mit Hilfe der Abdecktechnik war erforderlich, weil es sich dabei um den wichtigsten der zehn Schritte zum Durcharbeiten eines Fehlerwortes handelt. Dieser Schritt ist unverzichtbar für die Schubs®-Methode. Wenn Ihr Kind in das Verfahren eingearbeitet ist, dann dauert es einschließlich des Sprechens über das Wort und der Entscheidung über das Einkringeln oder Unterstreichen eines Lautes etwa 60 bis 90 Sekunden, je nach Wortlänge und Arbeitstempo.

Es gibt eine praktische Alternative zur Technik des Abdeckens mit Hilfe von Zetteln oder Karteikarten, die vor allem für jüngere Kinder wegen ihrer Handlungsorientierung und Anschaulichkeit Vorteile bietet: den Lesekasten (s. Anhang). Sie erhalten ihn im Buchhandel; er besteht (je nach Verlag) aus einem Kästchen oder Karton mit einer stabilen Setzleiste und vielen einzelnen Buchstaben. Die enthaltenen Standard-Buchstabengruppen (zum Beispiel «st» oder

«sch») verwenden Sie bitte nicht, damit Ihr Kind lernt, komplexe Laute aus mehreren Buchstaben selbst zu erkennen und zu markieren.

Das Vorgehen mit dem Lesekasten sieht so aus:

- Das Fehlerwort wird, um Zeit zu sparen, von Ihnen vorab in die Setzleiste gesteckt.
- Sie sprechen mit Ihrem Kind ein wenig über das Wort und seine Bedeutung, seinen Inhalt.
- Sie fragen, welcher Laut zusammengeklammert (statt eingekringelt) werden muss; Ihr Kind steckt die entsprechenden Buchstaben mit einer Büroklammer zusammen.
- Zuerst wird das ganze Wort gelesen.
- Danach nimmt Ihr Kind den letzten Buchstaben aus der Leiste, nennt seinen Laut und legt das Buchstabenschildchen vor sich auf den Tisch.
- Ihr Kind liest den Wortrest in der Leiste, nimmt den nunmehr letzten Laut heraus, benennt ihn und legt ihn vor das bereits abgelegte Schildchen auf den Tisch.
- So geht Ihr Kind weiter vor, bis das Wort wieder als Ganzes vor ihm auf dem Tisch liegt.

Zwei oder drei zusammengeklammerte Buchstaben werden als ein Laut herausgenommen und, wie der Kringel bei der Abdecktechnik, sowohl lautiert als auch von der Schreibweise her erklärt.
Beispiel:
Das Kind sagt: «[k], geschrieben c – k.»

Bitte vergessen Sie auch bei dieser Vorgehensweise nicht die positive Bestätigung nach jedem Laut und jedem Lesen des Wortrestes mit «ja», «hm», «gut» usw.

2. Schritt: Schreiben mit dem Finger auf der Tischplatte

Der zweite Schritt des Durcharbeitens eines Fehlerwortes besteht darin, es mit dem Finger auf die Tischplatte zu «schreiben».
Nachdem Ihr Kind «Hund», um bei diesem Beispiel zu bleiben, rückwärts abbauend gelesen hat, legen Sie den Notizzettel mit dem Druckschrift-Wort beiseite. Sagen Sie ihm, es solle nun das Wort einmal mit dem Finger auf die Tischplatte schreiben. Die Regel dazu verlangt, das so langsam und deutlich zu tun, dass Sie mitlesen können.

Welchen Finger Ihr Kind für diese Aktion benutzt, ist unwichtig. Die Schrift soll die persönliche Schrift Ihres Kindes sein, in der Regel also eine Form von Schreibschrift. Vereinzelt sind Kinder derart unsicher, dass sie die Druckschrift auch zum Schreiben bevorzugen. Sie müssen dann nicht zur Schreibschrift genötigt werden.

Sollte Ihr Kind einen Fehler machen oder so undeutlich schreiben, dass Sie das Wort nicht verfolgen können, so sagen Sie ohne Kritik ganz neutral: «Stopp, bitte noch einmal langsam und deutlich, ich konnte es nicht lesen.» Kritik bei einem «Fehler» ist schon aus Motivationsgründen problematisch. Sie provoziert zudem möglicherweise Streit, denn Sie könnten einen Fehler bei diesem Schritt nicht nachweisen, weil ja kein sichtbarer Schriftzug entsteht.

Wird das Wort auch beim zweiten Versuch offensichtlich falsch wiedergegeben, so zeigen Sie Ihrem Kind noch einmal den Zettel, damit es abschauen kann.

Folgende Effekte machen diesen Schritt sinnvoll:

- Weil kein sichtbarer Schriftzug entsteht, ist die Hemmschwelle zum Schreiben des Wortes mit dem Finger für ein rechtschreibschwaches Kind niedrig.
- Das Wort wird auswendig in Schriftzeichen übersetzt, wobei nicht die ganz feine Finger-, sondern die Handmotorik eingesetzt wird. Jede Muskelpartie, die einen Bewegungsablauf ausführt, speichert diesen auch und dient uns als Erinnerungshilfe.
- Durch das Schreiben ohne Stift wird ein «inneres Bild» des Schriftzugs erzeugt: Ihr Kind sieht das Wort mit seinem «inneren Auge». Fragen Sie ruhig nach: «Sieht das richtig aus, was du geschrieben hast?», bevor Sie bestätigen und loben.

3. Schritt: Silbenballett tanzen

Um den Rhythmus eines Wortes zu erfassen, wird in der Schule häufig das Silbenklatschen mit den Händen praktiziert. Das «Tanzen» der Silben beansprucht den Körper noch viel umfassender. Die Anregung zu diesem Schritt stammt aus dem Förderkonzept der Schulpsychologin Heide Buschmann, das in der FRESCH-Methode aufgegriffen wurde (Michel 2002).

Drei Aktionen werden synchron (gleichzeitig) ausgeführt:

- silbenweises Sprechen,
- je Sprechsilbe ein Schritt von links nach rechts,
- je Sprechsilbe ein großer Armschwung mit der Schreibhand von links oben vor der Körpermitte unten durch nach rechts oben.

Die Koordination dieser drei Handlungen fällt manchen Kindern recht schwer, sollte aber unbedingt trainiert werden.

Das silbenweise Sprechen hilft, ein Wort zu durchgliedern und damit seine Komplexität zu verringern. Eine einzelne Silbe ist leichter in Schrift zu «übersetzen» als ein ganzes mehrsilbiges Wort. Kinder, die wegen Wahrnehmungsschwierigkeiten immer wieder Buchstaben auslassen oder

vertauschen, profitieren besonders von solch einer Durchgliederungshilfe.

Es ist übrigens sprechlogisch durchaus richtig, wenn Ihr Kind «Hü – tte» oder «re – nnen» trennen möchte. Loben Sie es dafür, dass es die Silben richtig erkannt hat, und erklären Sie ihm, dass es eine Regel gibt, wonach ein doppelter Konsonant beim Trennen auf beide Silben verteilt wird. Im Deutschen kann keine Sprechsilbe mit einem doppelten Mitlaut beginnen.

Und denken Sie daran: Das Trennen etwa des Wortes «I – dee» ist nicht nur sprechlogisch korrekt, sondern wird nach der neuen Rechtschreibung auch so getrennt.

Das Schreiten von links nach rechts, also in der Schreibrichtung, macht die Länge eines Wortes erfahrbar. Die Schritte helfen, sich der Silbenzahl zu erinnern.

Der Armschwung entspricht den Silbenbögen, die Kinder im Unterricht zur Sichtbarmachung der Silbenstruktur eines Wortes darunter zeichnen:

Hund – Hundehütte

Jeder Armschwung entspricht einer Sprechsilbe und macht ihren Anfang (links oben) sowie ihr Ende (rechts oben) deutlich. Er dient der Silbenspeicherung auf motorischer Ebene und sollte deshalb stets als große Bewegung ausgeführt werden.

Wenn es Ihrem Kind schwer fällt, alle drei Aktionen koordiniert und gleichzeitig auszuführen, dann machen Sie das Silbenballett mit. Unter Umständen ist es nützlich, vor dem Kind stehend seinen Arm zu führen oder den Fuß beim Schreiten

anzuschieben. Dazu müssen Sie die Bewegungen spiegelverkehrt ausführen.
Das Wort «Hund» besteht nur aus einer Silbe. Entsprechend kurz fällt das Silbenballett aus: eine Sprechsilbe, ein Schritt sowie ein Armschwung. Bei einem längeren Wort wie beispielsweise «Fernsehapparat» achten Sie entweder auf genügend Platz für die fünf Schritte, oder aber Ihr Kind trennt bewusst und beginnt für den zweiten Wortteil erneut ganz links.

4. Schritt: Schreiben mit dem Finger an die Wand

Nach dem Silbenballett, wozu ohnehin vom Stuhl aufgestanden werden musste, soll Ihr Kind im Stehen sein Übungswort mit dem Finger in großer Schreibschrift an die Wand «schreiben». Wieder gilt die Regel wie beim zweiten Schritt: «Schreibe so langsam und deutlich, dass ich es lesen kann.» Und wieder gilt als Korrekturanweisung im Falle eines Fehlers Ihre neutrale Aufforderung: «Bitte schreibe das Wort noch einmal langsam und deutlich, ich konnte es nicht lesen.» Sie könnten auch jetzt keinen Fehler nachweisen, darum vermeiden Sie tunlichst jede Auseinandersetzung. Sollte Ihr Kind das Wort mehrfach fehlerhaft an die Wand schreiben, so zeigen Sie ihm wieder den Zettel zum Abschauen.

Der Sinn dieses Übungsschrittes ist derselbe wie beim Fingerschreiben auf der Tischplatte, nur dass jetzt die noch gröbere Motorik des ganzen Schreibarms eingesetzt wird, wenn Ihr Kind 30 bis 50 Zentimeter große Buchstaben an die Wand malt. Sollte keine freie Wandfläche zur Verfügung stehen, kann natürlich auch eine Tür- oder Fensterfläche benutzt werden.

5. Schritt: Schreiben mit dem Finger an die Decke

Eine qualitative Steigerung des letzten Schrittes stellt das «Schreiben» des Übungswortes mit dem Finger an die Zimmerdecke dar. Sie kann nicht mehr berührt werden, der Finger schreibt in die Luft.
Zudem sind Sie jetzt nicht mehr in der Lage, beim Zuschauen wirklich zuverlässig zu erkennen, ob Ihr Kind richtig schreibt. Das gibt Ihnen das Argument zu der Aufforderung: «Schreibe das Wort in deiner Schrift mit dem Finger an die Decke und buchstabiere dabei, damit ich hören kann, ob du richtig schreibst.»

Der Sinn dieser Übung liegt erstens wieder in der Speicherung des Bewegungsablaufes durch die Armmotorik. Gleichzeitig wird zweitens das innere Bild vom Schriftzug des Wortes intensiver wahrgenommen und gespeichert, denn die Blickrichtung nach oben spricht das Bildgedächtnis an, wenn die Augen den Finger der Schreibhand bei seinen Bewegungen verfolgen. Auch Sie werden intuitiv Ihren Blick nach oben richten, wenn Sie sich an das Muster des Teppichs in Ihrem Wohnzimmer oder an ein Gesicht erinnern wollen. Und schließlich wird drittens durch das Buchstabieren beim

Schreiben auch die kognitive Ebene sprechend und hörend angeregt: Die Buchstaben-Reihenfolge wird gelernt.

Hinweis

Sollte Ihr Kind nach dem Lautieren beim rückwärts abbauenden Lesen im ersten Schritt jetzt mit dem Buchstabieren (Hund = Ha – u – en – de) durcheinander kommen, so darf es gerne lautieren. Auch das, was manche Lehrkräfte ihren Schülern als «Pilotsprache» beibringen, das sich selbst beim Schreiben führende Vorsprechen, ist in diesem Schritt erlaubt. Es muss nur sichergestellt sein, dass jeder Buchstabe genannt wird, damit sich die Reihenfolge der Schriftzeichen einprägen kann.

6. Schritt: Schreiben mit dem Nasenpinsel an die Decke

Eine weitere Intensivierung von Wahrnehmung und Speicherung des Übungswortes stellt das Schreiben mit dem Nasenpinsel an die Zimmerdecke dar. «Stell dir vor, an deiner Nasenspitze befindet sich ein Pinsel, mit dem du bis an die Decke reichst. Schreibe das Wort mit dem Nasenpinsel an die Zimmerdecke und buchstabiere es dabei.» Sollte es einer Extramotivation zum Nasenpinsel bedürfen, so kann der Hinweis auf den Nutzen der Übung für das Kopfballtraining eines jeden Fußballers oder auch für die Körperschulung eines Models hilfreich sein …

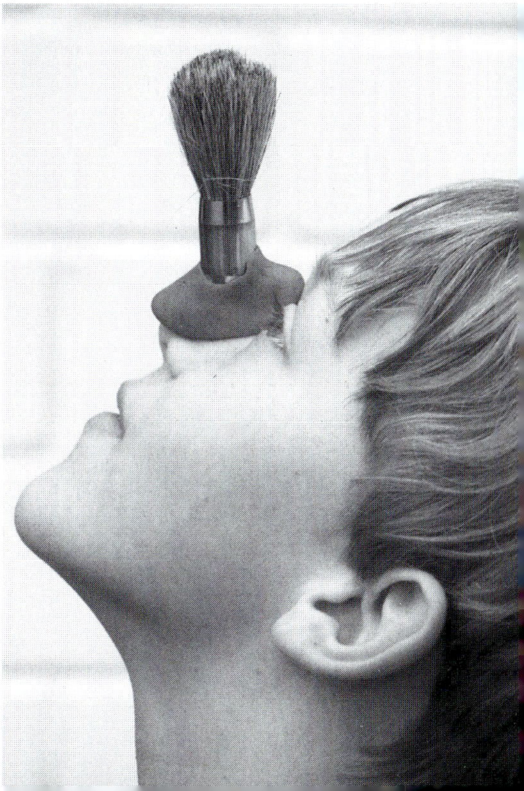

Diesmal übernimmt die Nackenmuskulatur den Part der motorischen Speicherung des Schriftzuges. Jeder Sportler weiß aus Erfahrung, dass Bewegungsabläufe trainiert, eingespeichert und mental abgerufen werden können. Darum ist das «Muskelgedächtnis» als Merkhilfe für die Schreibweise von Wörtern nicht zu unterschätzen.

Die Blickrichtung nach oben spricht wiederum das Bildgedächtnis im Gehirn an. Das Schreiben mit dem Nasenpinsel führt dazu, dass die Augen den Schriftzug nicht nur verfolgen, sondern unmittelbar selbst mitproduzieren. Ein Workshop-Teilnehmer, Vater eines rechtschreibschwachen Kindes und selbst Legastheniker, sagte einmal nach dieser Übung: «Das ist ja irre – ich sehe das Wort richtig vor mir stehen!»

Die Hinundherbewegungen des Kopfes beanspruchen die Halswirbelsäule. Erwachsene sollten solche Bewegungen mit einer gewissen Vorsicht betreiben, wie auch das Kopfkreiseln als gymnastische Übung heutzutage abgelehnt wird. Für Kinder mit ihren noch elastischen Wirbel-Zwischenkörpern bedeutet der Nasenpinsel jedoch kein Risiko, wie mir Fachleute bestätigt haben.

WICHTIG

Es gibt vereinzelt Kinder, die diese Übung verweigern. In der Regel haben sie motorische Koordinationsschwierigkeiten. Man muss sie in diesem Fall nicht zwingen, denn der Erfolg der Methode hängt normalerweise nicht vom Ausfall eines einzelnen Übungsschrittes ab. Es ist dann jedoch wichtig, den Bewegungsapparat des Kindes orthopädisch untersuchen zu lassen. Das gilt auch für solche Kinder, die sich beim Nasenpinsel aus der Hüfte heraus bewegen und den Nacken steif halten, anstatt locker den Kopf zu schwingen. Vielleicht helfen schon Massagen oder Heilgymnastik weiter. Die Zusammenhänge zwischen Teilleistungsstörungen und Körpermotorik sind schon lange bekannt und zu bedeutsam, um sie einfach zu ignorieren (vgl. Klein / Träbert, S. 52 ff.).

7. und 8. Schritt: Zweimal in die liegende Acht schreiben

Nach diesen Übungsschritten mit Bewegung im Stehen und Gehen darf Ihr Kind sich wieder hinsetzen. Legen Sie ihm eine liegende Acht entweder als Kugelbahn (vgl. Anhang, S. 108 f.) oder in gemalter Form vor. Die gemalte Acht können Sie mit selbstklebender Klarsichtfolie, wie sie auch zum Einbinden von Büchern gerne verwendet wird, haltbar und stabil machen. Sie sollte auf jeden Fall etwa 50 cm breit sein.

Sie gehen bei diesem Übungsschritt folgendermaßen vor: Die liegende Acht befindet sich genau mittig vor Ihrem Kind auf dem Tisch; ihr Kreu-

zungspunkt befindet sich vor seinem Bauchnabel.

1. *Ihr Kind setzt den Zeigefinger seiner Schreibhand auf den Kreuzungspunkt und fährt mit ihm von dort aus nach oben beginnend drei komplette Runden Achterbahn. Anschließend «schreibt» es sein Übungswort mit dem Finger in eine der beiden Schleifen hinein, so wie im zweiten Schritt auf dem Tisch. Dabei gelten auch dieselben Regeln und Prinzipien (vgl. S. 60). Es ist nicht entscheidend, ob das Kind seine Achterbahnrunde nach rechts oder links oben beginnt. Rechtshänder schreiben ohne besondere Anweisung meistens zuerst in die rechte Schleife der Acht; sollte Ihr Kind zuerst in die linke Schleife schreiben, so ist auch das völlig in Ordnung. Wenn das Wort nicht hineinpasst, darf über die rechte Grenze der Schleife hinausgeschrieben werden.*
2. *Nun fährt Ihr Kind noch einmal drei Runden Achterbahn mit dem Zeigefinger seiner Schreibhand und «schreibt» das Übungswort diesmal in die andere Schleife. Auch jetzt darf bei Bedarf über die rechte Grenze der Schleife hinausgeschrieben werden.*

Der Sinn dieses doppelten Übungsschrittes liegt vor allem im Ansprechen beider Hirnhälften (= Hemisphären). Beim Führen der Schreibhand auf der Achterbahn über die senkrechte Körpermittellinie hinweg müssen beide Hemisphären gemeinsam koordiniert sein, weil jede Hirnhälfte für die Motorik der jeweils gegenüberliegenden Körperseite zuständig ist. Davon erhofft sich die Kinesiologie, aus der diese Anregung stammt, dass beide Hirnhälften auch beim Speichern der Schreibweise aktiviert werden. Selbst wenn das bislang wissenschaftlich nicht bewiesen ist, ist meine Erfahrung mit diesem Übungsschritt positiv.

Es gibt etliche Kinder, die ihr Heft beim Schreiben so schräg legen, dass ihre Schreibhand nie die Körpermittellinie überquert. Sollte Ihr Kind die gleiche Neigung zeigen, wird es beim Üben mit der liegenden Acht möglicherweise versuchen, diese immer wieder seitlich zu verschieben, sodass ihr Kreuzungspunkt nicht mehr vor seinem Bauchnabel liegt. Dann wirkt diese Übung nicht im oben beschriebenen Sinn. Versuchen Sie immer wieder, die Lage der Acht zu korrigieren, oder verzichten Sie auf diese Übung, wenn sie zu Auseinandersetzungen zu führen droht.

Das Schreiben nur auf einer Seite der Körpermitte bedeutet, praktisch nur mit einer Hirnhälfte zu arbeiten.

Solange die Rechtschreibung oder andere Bereiche geistiger Aktivität für solche Kinder keine Probleme darstellen, muss man nicht unbedingt etwas ändern. Falls aber doch, können so genannte gehirnintegrierende Übungen durchaus nützlich sein. Allerdings hat die Kinesiologie dafür kein Monopol, denn neben der Lerngymnastik des Brain Gym® regen auch Musik, Farben und Bilder die rechte Hirnhälfte bei der Zusammenarbeit mit der linken Hemisphäre an.

9. Schritt: Sichern auf einer Karteikarte

Nach all diesen Aktionen im Sitzen wie auch in Bewegung und mehrere Sinneskanäle ansprechend, wird die Bearbeitung des Übungswortes allmählich abgeschlossen. Ursprünglich war es für das Kind ein Ärgernis oder gar Feind (vgl. S. 52), nun ist es schon viel vertrauter geworden. Um es aber vollkommen zu «besiegen» oder zu einem guten Freund zu machen, muss es richtig auf einer Karteikarte festgehalten und im Laufe der nächsten Zeit mehrmals geschrieben werden.

Ihr Kind soll sein Wort deshalb nun auf einer handelsüblichen linierten Karteikarte im Format DIN A 7 notieren. Ein Substantiv wird mit Artikel aufgeschrieben, bei unserem Beispiel also «der Hund». Auf diese Weise wird das Großschreiben des Substantivs verdeutlicht. Die Schrift ist die normale Schreibschrift des Kindes, und zwar so schön wie möglich. Schönschrift ist etwas sehr Relatives, und Ihr Anspruch sollte daher nicht höher sein als die feinmotorischen Fähigkeiten Ihres Kindes. Aber sauber und gut lesbar soll das Wort schon auf der Karteikarte stehen, denn sie wird als Arbeitsmittel für die wiederholenden Wortdiktate eine wichtige Rolle im weiteren Lernprozess spielen. Wenn das Wort auf die erste, rot unterstrichene Linie des Kärtchens geschrieben wird, so fördert das neben dem ästhetischen Empfinden auch die Strukturierungsfähigkeit Ihres Kindes. Das Wort ist sozusagen die Hauptsache auf dieser Karte, die im nächsten und letzten Schritt noch auf der Rückseite ergänzt werden soll.

Wenn Ihr Kind es möchte, darf es unter das Wort etwas malen oder ein Bildchen kleben, um dadurch seine emotionale Beziehung zu ihm zu stärken. Diese zeitaufwendige Tätigkeit ist aber nicht zwingend erforderlich und sollte außerhalb der Übungs-Viertelstunde erfolgen.

Wichtig

Auch wenn Sie die Schrift Ihres Kindes für inakzeptabel halten sollten, lassen Sie sich bitte nicht dazu verführen, das Übungswort anstelle Ihres Kindes auf die Karteikarte zu schreiben. Nur das eigene Tun lässt seine Fähigkeiten wachsen! Lassen Sie Ihr Kind das Wort auch nicht mit Hilfe des PC auf die Karteikarte drucken, denn es soll die handschriftliche Wiedergabe trainieren.

10. Schritt: Wortfamilie und Ableitungen ergänzen

Die meisten Wörter haben eine «Familie», was beim Ableiten ihrer Schreibweise sehr hilfreich sein kann (Beispiel: «Räder» kommt von «Rad»). Darum werden die Wortfamilie und verschiedene Ableitungen auf der Rückseite der Karteikarte notiert. Im Verlauf des weiteren Übens mit Hilfe der Wortdiktate wird Ihr Kind immer wieder darauf Bezug nehmen.

Beim Beispielwort «der Hund» ist die Familie nicht sehr groß. Es gibt die Mehrzahl (Plural) «die Hunde» sowie die weibliche Form «die Hündin», daneben mehrere Wortzusammensetzungen, wovon eine oder zwei völlig genügen: «die Hundehütte», «der Hundekuchen».

Bei Verben können sowohl verschiedene Konjugations-(= Beugungs-)formen als auch abgeleitete Wörter notiert werden. Beispiel:

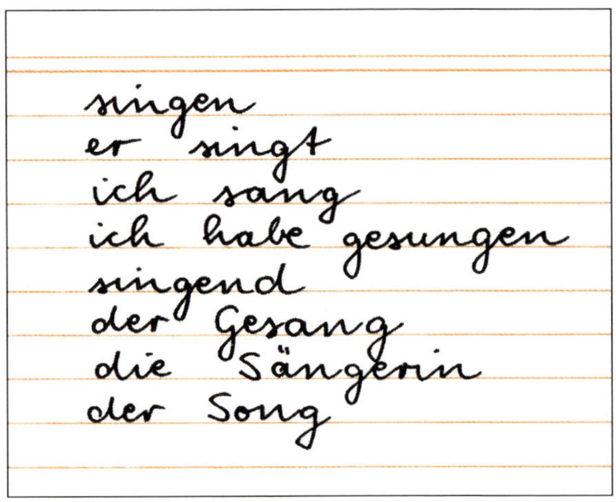

Bei diesem Schritt können Sie durchaus helfen, weil Kinder in der Regel nicht über den Wortschatz der Erwachsenen verfügen. Aber auch das Nachschlagen im Wörterbuch ist sinnvoll, um Angehörige der jeweiligen Wortfamilie ausfindig zu machen und damit Erkenntnisse über Ableitungen zu gewinnen.

Dabei kann Ihr Kind entdecken, dass es Wörter gibt, die keine Verwandten haben, wie beispielsweise «jetzt» oder «gerne». Dann kann ein Beispielsatz auf der Karteikarten-Rückseite notiert werden wie etwa: «Ich übe jetzt, aber nachher habe ich frei.»

Jede Wortverwandtschaft oder Ableitung wird in eine eigene Zeile gesetzt, um die Übersichtlichkeit der Darstellung zu wahren. Die Kartenrückseite muss nicht voll geschrieben werden, denn es geht nicht um Vollständigkeit, sondern nur darum, Einsichten in Rechtschreibphänomene zu gewinnen.

Das Durcharbeiten von Fehlerwörtern als Ritual

Selbst heute noch gibt es Lehrkräfte, die als Korrekturanweisung nach einem Diktat aufgeben: «Schreibt jedes Fehlerwort zur Verbesserung dreimal richtig!» Geholfen hat diese Anordnung noch nie, und glücklicherweise werden solche Lehrer seltener. Stattdessen sollen Schüler heute immer öfter ihre Fehlerwörter im Wörterbuch nachschlagen und in ihre persönliche Lernkartei zum regelmäßigen Üben aufnehmen. Damit kommen sie der Intensität der Schubs®-Methode schon erheblich näher. Die Wörter jedoch in zehn Schritten so durchzuarbeiten, wie in diesem Kapitel beschrieben, führt in Kombination mit den anderen Elementen der Methode zu einer sehr viel nachhaltigeren Wirkung.

Möglicherweise kommt Ihnen das Durcharbeiten auch übertrieben aufwendig vor. Seine Intensität muss jedoch umso stärker sein, je komplexer die Rechtschreibschwierigkeiten eines Kindes sind. Wenn Wahrnehmungs- oder motorische Koordinationsstörungen unterschiedlicher Art eine Rolle spielen, wie das bei Legasthenie und fast immer auch im Zusammenhang mit einer Aufmerksamkeitsstörung (ADHD, ADS) der Fall ist, braucht das Kind «multikanalige» Lernansätze. Bewegung und die Einbeziehung möglichst vieler Sinneskanäle optimieren die Lerneffekte.

Richtig ist aber auch, dass längst nicht für jedes Kind genau die oben beschriebenen zehn Schritte die optimalen sind. Manches benötigt vielleicht noch intensivere taktile Reize und sollte deswegen nicht mit dem Finger auf die Tischplatte, sondern in ein Sandbett schreiben. Ein Sandbett lässt sich mit einem Tablett mit hohem Rand improvisieren, gefüllt mit einer Schicht Spielsand.

Andere sinnlich anregende Übungsformen können sein:

- Schreiben mit dem Finger auf dem anderen Unterarm («erlaubter Spickzettel»);
- sich das Übungswort vom Helfer auf den Rücken schreiben lassen und dabei die Buchstaben benennen;
- das Wort mit Buchstaben-Keksen (Russischbrot) legen und nach dem Anlegen der Karteikarte aufessen;
- das Wort mit Tastbuchstaben blind (= unter einem Tuch) zusammenlegen;
- das Wort mit Knete formen;
- das Wort mit einem langen Seil auslegen und barfuß ablaufen;
- den Silbenrhythmus trommeln.

Ihrer Phantasie wie auch der Ihres Kindes sind keine Grenzen gesetzt, um Schritte zum Durcharbeiten von Fehlerwörtern zu er*SINN*en, die die Sinne anregen und bei der Anwendung Freude machen. Nur eines darf dabei nicht vergessen werden: Die Methoden sollen dem rechtschreibschwachen Kind Struktur und die Gewissheit des «So geht's!» vermitteln. Darum dürfen sie nicht dauernd wechseln, sondern müssen ein Ritual bilden, das täglich gleich abläuft.

Kinder lieben Rituale und erleben sie als Sicherheit gebende Orientierungsmarken im verunsichernden Strudel des Lebens. Darum darf beispielsweise ein Gutenachtritual nicht einfach vom Babysitter, selbst von den Eltern nicht, willkürlich verändert werden, sondern muss stets gleich ablaufen. Nur von Zeit zu Zeit und ganz behutsam sind Änderungen möglich.

Wenn Sie sich also mit Ihrem Kind auf eigene sieben, acht oder elf Schritte statt der oben vorgestellten zehn einigen sollten, kann das genauso gut funktionieren, wenn sie gleichfalls alle Sinne und den Denkapparat ansprechen. Bleiben Sie dann konsequent bei Ihrem Ritual.

Lassen Sie sich jedoch nicht von Zeitdruck zu einem kürzeren Ritual verführen, wenn dadurch die sinnliche Intensität geringer wird. Weniger ist, langfristig gesehen, in aller Regel mehr.

Cool Babes
25

Kapitel 5 | *Regelmäßiges Wiederholen mit Wortdiktaten*

« Alles Lernen

ist nicht einen Heller wert,

wenn Mut und Freude

dabei verloren gehen. »

(Johann Heinrich Pestalozzi)

Jedes Fehlerwort muss nur ein einziges Mal in aller Gründlichkeit durchgearbeitet werden, wie im vorangegangenen Kapitel ausführlich dargestellt. Danach hat die Karteikarte den Notizzettel abgelöst und dient fortan als Arbeitsmittel für das Wiederholen des Wortes. Diese Wiederholungen werden als Wortdiktate durchgeführt. Das ist sehr ökonomisch, denn das Kind muss nur solche Wörter schreiben, bei denen es Übungsbedarf hat. Zudem kosten sie relativ wenig Zeit und finden daher in der Regel bei voller Konzentration statt. Ihr Umfang wird so überschaubar gehalten, dass auch die Motivation auf keine harte Probe gestellt werden muss.

Prinzip Lernkartei

Seit Sebastian Leitner (Erstausgabe 1972) ist die Lernkartei mit fünf Fächern bekannt, beliebt und erfolgreich. Ob aus Pappe, Holz oder Plastik, ob gekauft oder Marke Eigenbau – sie hat bereits Millionen von Schülerinnen und Schülern beim Büffeln geholfen. Genau dafür ist sie gedacht und effektiv, denn sie setzt lernpsychologische Erkenntnisse über das Festigen von Lerninhalten durch Wiederholungen praktisch um.

Die Lernkartei hat nur einen großen Nachteil, der besonders für jüngere Kinder von Bedeutung ist: Wenn sie einmal herunterfällt, wird es niemandem gelingen, alle darin enthaltenen Karteikarten wieder richtig einzusortieren. Daneben lässt sie sich schlecht für mehrere Lernbereiche gleichzeitig einsetzen, was die Sache verteuert, wenn neben der Rechtschreibung noch Vokabeln, Fakten in Sachfächern oder Formeln mit der Lernkartei gepaukt werden sollen.

Ihr Prinzip ist allerdings auch ohne die fünf Fächer anwendbar, indem ganz einfach Striche mit dem Bleistift auf den Karteikärtchen angebracht werden. Sie symbolisieren das Fach, in dem die Karte jetzt stecken würde. Ein Strich heißt, die erste Wiederholung war erfolgreich, und die Karte darf vom ersten ins zweite Fach wandern. Drei Striche bedeuten dementsprechend, dass auch der dritte Wiederholungsdurchgang nacheinander geklappt hat und die Karte vom dritten ins vierte Fach umgesteckt wird. Der fünfte Strich markiert das erfolgreiche Durchlaufen des ganzen Kastens, wonach die Karte aussortiert werden darf. Wird bei der Fünf-Fächer-Kartei ein Fehler beim Wiederholen gemacht, muss die Karte ins erste Fach zurückgestellt werden. Die Bleistiftstriche werden einfach alle ausradiert, die Karte beginnt wieder bei null.

Als Behälter für die Karteikarten

reicht wieder, wie schon bei den Notizzetteln, eine Schachtel oder Dose.

Das Diktat

Ab der dritten Woche des Übens nach der Schubs®-Methode, wenn die ersten 15 oder 18 Karteikarten gesammelt sind, beginnt jede Übungs-Viertelstunde mit einem Wortdiktat. Ihr Kind darf aus der Karteikarten-Dose wie aus einer Lostrommel Karten ziehen oder sie vom gemischten Stapel wie bei einem Kartenspiel abzählen. Die Auswahl erfolgt also nach dem Zufallsprinzip. Als gutes Maß haben sich für Grundschulkinder acht, für ältere Schüler zehn Diktatwörter bewährt.

Sie nehmen die Karteikarten und setzen sich so, dass Sie nicht sehen können, was Ihr Kind schreibt. Andernfalls besteht die Gefahr, dass Sie ihm bei einem Fehler «helfen» oder dass Sie zumindest eine Reaktion nicht unterdrücken können, beispielsweise räuspern oder die Luft geräuschvoll durch die Zähne einziehen. Ihr Kind soll jedoch eine eigene, innere Kontrolle aufbauen, und dazu müssen Sie sein *Recht auf Fehler* respektieren.

Jeder Fehler, der beim Nachschauen entdeckt wird, ärgert das Kind, denn dann erhält die Karteikarte keinen Strich, oder vorhandene Striche müssen ausradiert werden. Dieser Ärger ist gewissermaßen therapeutisch erwünscht, weil er die Eigenverantwortung für bedachtes, konzentriertes Schreiben herausfordert.

Wichtig

Lernende haben ein Recht auf ihre Fehler. Aus Fehlern lernt am meisten, wer sie selbst entdeckt. Wer ein Kind beim Fehlermachen korrigiert, stört es beim Lernen.

Ihr Kind schreibt seine Diktatwörter am besten auf einen Notizzettel, der anschließend weggeworfen wird. Würde ein Heft für die Wortdiktate angelegt, könnte Ihr Kind womöglich nachschauen, wenn sich die Wörter von Zeit zu Zeit wiederholen.

Lassen Sie Ihrem Kind beim Wörterdiktat genügend Zeit zum Überlegen. Es gibt in dieser Situation keinen Grund zur Eile, wohl aber eine Menge Gründe für Bedachtsamkeit. Das Kind gibt Ihnen das Zeichen, wenn Sie das nächste Wort diktieren sollen.

es denken muss, um das Wort beim nächsten Mal richtig zu schreiben.

Nachkontrolle und Umgang mit Fehlern

Wenn Sie die acht oder zehn Wörter diktiert haben, geben Sie Ihrem Kind die Karteikarten in die Hand. Es soll jetzt selbst nachschauen, welche Wörter es richtig geschrieben hat. Diese werden mit einem Bleistiftstrich auf der Karteikarte hinter dem Wort markiert. Damit keine Fehler übersehen werden, ist bei diesem Vorgang natürlich Ihre zusätzliche Kontrolle angebracht. Schließlich geht es auch geübten Schreibern so, dass sie ihre eigenen Fehler leichter übersehen als die von anderen.

Ein Wort, das bereits einen oder mehrere Striche hat, bekommt beim nächsten Durchgang einen weiteren Strich, wenn es erneut korrekt geschrieben wurde.

Wurde ein Wort falsch geschrieben, bekommt es keinen Strich, sofern auf der Karte noch kein Strich markiert ist. Weist die Karte schon einen oder mehrere Striche auf, so müssen diese sämtlich ausradiert werden. Bei einem Fehler im Wortdiktat muss die Karte grundsätzlich wieder bei null beginnen.

Damit das nicht zu oft passiert, sollten die Fehler während des Nachschauens kurz besprochen werden. Fragen Sie Ihr Kind, woran

Wichtig

Ihr Kind lernt nicht aus Ihrer Kritik daran, dass es schon wieder einen Fehler gemacht hat. Es lernt eher aus einer gedanklichen Hilfestellung für das spezielle Wort.
Vermeiden Sie Fragen wie: «Was hast du hier falsch gemacht?»
Fragen Sie konstruktiv: «Woran musst du denken, um das Wort richtig zu schreiben?»

Wenn ein Kind sich ärgert, vielleicht gar wütend wird oder zu weinen beginnt, weil ein Wort wieder falsch geraten ist und Striche ausradiert werden müssen, fällt es Eltern oft schwer, mit diesen Gefühlsausbrüchen konstruktiv umzugehen. Ihre eigenen Emotionen schwanken zwischen Ärger («Du bist doch selbst schuld!»), Verharmlosung («Das macht doch nichts») und Mitleid, wobei sie gelegentlich gerne einmal fünf gerade sein lassen und ihrem Kind erlauben, einer Karte trotz Fehler einen Strich zu geben.

All dies hilft jedoch nicht weiter. Versuchen Sie die Gefühle Ihres Kindes als die momentan bestmögliche Art zu verstehen, mit der es reagieren kann. Sie müssen sie nicht für richtig halten, aber Sie sollten sie akzeptieren. Ärger und Wut oder auch Trauer und Verzweiflung sind Gefühle, die zu unserem Leben gehören. Ihr Kind wächst an ihnen, wenn es sie durchleben darf, ohne sie verdrängen zu müssen. Die oben beispielhaft erwähnten Elternreaktionen von Ärger, Verharmlosung wie auch von Mitleid führen nicht zu innerem Wachstum. Kinder möchten die Schuldzuweisungen ihrer Eltern nicht und reagieren mit gespielter Gleichgültigkeit darauf oder verdrängen lieber ihre eigene Enttäuschung. Bei verharmlosenden Äußerungen fühlen sie sich mit ihrer Empfindung nicht angenommen: «Ich soll oder darf das nicht schlimm finden, obwohl ich so fühle.» Eine mitleidige Reaktion der Eltern kann zu der Erfahrung führen: «Immer wenn ich weine, kriege ich doch noch einen Strich auf der Karte.» Das verfestigt sich womöglich zu einer fatalen Grundhaltung, die sicher nicht zu mehr Lebenstüchtigkeit führt.

Die beste Art, wie Sie Ihrem Kind helfen können, mit Enttäuschungen beim Üben umzugehen, ist das Reagieren nach Art des «aktiven Zuhörens» (Gordon 1989). Sie sagen ihm einfach, welches Gefühl Sie bei ihm spüren, oder Sie fragen danach:

- *«Bist du sauer wegen des Fehlers?»*
- *«Der Fehler ärgert dich riesig, gell?»*
- *«Das macht dich wohl traurig, wenn du dir so viel Mühe gibst und jetzt trotzdem einen Fehler geschrieben hast?»*
- *«Jetzt bist du aber richtig wütend!»*

Denken Sie auch daran, dass Gefühle sehr schnell verfliegen. Gerade Kinder zeigen rasche und manchmal extreme Gefühlsschwankungen. Negative Emotionen sind also nicht von Dauer. Und wenn Sie Ihr Kind tröstend in den Arm nehmen, dann wirkt das oft mehr als viele Worte.

Auf jeden Fall sollten Sie sich nicht in Ihrer positiven Grundeinstellung beirren lassen und immer wieder zum Ausdruck bringen: «Wenn wir weiterhin regelmäßig so arbeiten, dann wird der Erfolg nach und nach immer größer werden.» Betonen Sie daher am Ende eines jeden Wortdiktats stets, wie viele Wörter richtig gewesen sind. Da die Wortdiktate immer ausschließlich aus «schweren Jungs» bestehen, eben aus Fehlerwörtern, ist jedes richtig geschriebene Wort umso wertvoller.

Feiern bei fünf Strichen

Wenn frühere Fehlerwörter fünfmal nacheinander richtig geschrieben worden sind, können sie als wirklich und nachhaltig gesichert gelten, zumal sie wegen des Zufallsprinzips bei der Wortauswahl in unregelmäßigen zeitlichen Abständen wiederholt werden.

Hat ein Wort seinen fünften Strich nacheinander bekommen, dann ist das ein echter Erfolg und ein Grund zum Feiern. Schließlich ist das Fehlerwort und damit ein Ärgernis oder gar ein «Feind» überwunden. Die Auseinandersetzung mit dem Wort hat dazu geführt, dass es vertraut geworden ist. Das sollte unbedingt mit einem kleinen Ritual gewürdigt werden, das Ihr Kind sich selbst ausdenken kann. Beispiele für solche Rituale haben mir Schüler in reicher Auswahl geliefert:

- Schimpfen mit der Karte: «So, du machst mir keinen Ärger mehr!»
- Die Karte zerreißen.
- Die Karte verbrennen (im Aschenbecher und außerhalb der Wohnung) und die Asche verstreuen.
- Beerdigung in einem «Wörtersarg».
- Die Karte küssen.
- Deponieren in einer «Freundschaftskiste».
- Aufkleben auf ein «Erfolgsplakat».

Jedes einzelne aussortierte Wort dokumentiert einen Schritt auf dem Weg zum erfolgreicheren Rechtschreiber. Bei manchen Feierritualen wird der wachsende Erfolg sichtbar, z. B. beim Erfolgsplakat oder der Freundschaftskiste, sogar beim Wörtersarg. Das kann hilfreich sein, weil der Weg lang und mühsam ist und vor allem in der ersten Zeit noch nicht durch bessere Diktatnoten bestätigt wird.

Sonderbehandlung für hartnäckige Fehlerwörter

Trotz der ausgefeilten Übungsmethodik kommt es vor, dass wenige vereinzelte Fehlerwörter einfach nicht bis zum fünften Strich gelangen. Immer wieder werden sie richtig geschrieben, aber weisen zwischendurch wieder einen Fehler auf. Die Kinder schaffen mehrmals zwei, drei oder gar vier Striche, um dann doch wieder bei null beginnen zu müssen. Solche «hartnäckigen Kandidaten» erwartet eine Sonderbehandlung, denn auch sie sind letztlich zu «knacken». Und so geht es:

- Wer als Lernhelfer fungiert, schreibt das Wort in Druckschrift mit einem dicken Marker formatfüllend auf ein Zeichenblock-Blatt (DIN A 3).

- Dieses wird im Kinderzimmer in Sichtweite vom Bett aufgehängt (am Schrank, an der Tür oder der Wand).
- Für eine Woche wird es ins Gutenachtritual einbezogen: Mutti oder Vati decken mit Zetteln ab, während das Kind vom Bett aus das Wort rückwärts abbauend liest (wie Schritt 1 des Durcharbeitens, S. 52 ff.).
- Das sollte die letzte Aktion des Tages sein; danach wird «Gute Nacht» gesagt und das Licht gelöscht.

Dieses Verfahren kostet jeden Abend nicht einmal eine Minute Zeit. Außer dem rückwärts abbauenden Lesen muss nichts getan werden. Wenn es wirklich die letzte Aktion des Tages ist, wirkt sie im Gehirn noch nach, ohne dass sie gleich darauf von einer anderen Aktivität überdeckt wird. Deshalb sollten Sie zum Beispiel die Gutenachtgeschichte vorher vorlesen.

Weil diese Aktion so wenig Zeit beansprucht und zudem grundsätzlich von Erfolg gekrönt sein wird, ist sie auch nicht emotional belastend. Die «Pascha-Situation», bei der das Kind im Bett liegen darf und ein Elternteil «arbeiten muss», macht zusätzlich Spaß.

Wichtig für den Erfolg ist zudem, dass wirklich immer nur ein Fehler-Kandidat behandelt wird. Wie in jeder guten Klinik gibt es bei Bedarf eine Warteliste für weitere «Patienten». Die Konzentration auf ein einziges Wort verstärkt die Aufnahme der Laut- wie der Buchstaben-Reihenfolge und festigt damit die Vorstellung von der Schreibung des Wortes.

Cool Babes
25
EST. Rule 1841

Kapitel 6 |

Ein Reflexivitäts-training für den Hausgebrauch

« Sei einfach nur achtsam.

Die Lektion lehrt sich selbst. »

(William Martin)

Die Klagen über so genannte Flüchtigkeitsfehler gibt es schon so lange, wie man überhaupt Fehler zählt. Sie gelten als «dumme Fehler», weil man sie vermeintlich leicht vermeiden kann. «Pass doch ein bisschen besser auf!», mahnen Eltern wie Lehrkräfte täglich Hunderttausende von Schulkindern. Doch in den meisten Fällen nützen diese Mahnungen nichts. Sie nützen deshalb so oft nichts, weil sehr häufig kognitive Impulsivität (vgl. S. 47 f.) die Ursache der Flüchtigkeit ist. Wer davon betroffen ist, weiß gar nicht recht, was er tun muss, um aufzupassen. Es fehlt nicht am guten Willen, sondern an der Fähigkeit.

Darum ist es nicht verwunderlich, dass ich in meiner lerntherapeutischen Arbeit schon etliche Kinder kennen gelernt habe, die allein durch ein Reflexivitätstraining zum Erfolg gekommen sind. Es zeigt ihnen nämlich die Strategie auf, die zum «Aufpassen» beim Rechtschreiben hilfreich ist, und schleift sie so gründlich ein, dass sie beim Schreiben funktioniert wie ein Rechtschreib-Prüfprogramm am PC: unbemerkt und automatisch im Hintergrund.

Woher kommt das Reflexivitätstraining?

In Deutschland erschien Mitte der 1970er Jahre das Buch «Aufmerksamkeitstraining mit impulsiven Kindern», das auch heute noch im Buchhandel erhältlich ist (Wagner 2001). Es beruht zum einen auf der Arbeit einer «Forschungsgruppe Förderung kognitiver Prozesse», die an der Ruhr-Universität Bochum bestand, zum anderen auf amerikanischen Forschungsergebnissen über kognitive Faktoren bei Verhaltenstrainings.

Die Autorin Ingeborg Wagner zeigt darin auf, dass kognitiv impulsive Kinder bei bestimmten Testaufgaben planlos vorgehen. Sie prüfen keine unterschiedlichen Antwortmöglichkeiten, sondern neigen dazu, stets die erstbeste Lösung zu akzeptieren. Meistens sind sie schneller mit ihrem Test fertig als reflexiv vorgehende Altersgenossen, machen dabei aber sehr viel mehr Fehler. Es ist also nicht verwunderlich, wenn unter den als lese- und rechtschreibschwach eingestuften Schülerinnen und Schülern überdurchschnittlich viel mehr kognitiv impulsive zu finden sind als unter den leistungsmäßig unauffälligen.

Die Forschung zu diesem Thema konnte nachweisen, dass betroffene

Kinder in Intelligenztests höhere Punktzahlen erzielten, wenn man die Anweisungen zur Lösung der Aufgaben in Richtung auf verzögertes Reagieren und stärkeres Prüfen der Lösungsmöglichkeiten veränderte. Genauso wurde mit zahlreichen Experimenten belegt, dass die Reflexivität von kognitiv impulsiven Kindern durch Training allgemein und hinsichtlich vieler Leistungsbereiche gesteigert werden kann.

Wer führt ein Reflexivitätstraining durch?

Heutzutage gehören Trainings zur Förderung eines reflexiven Denk- und Verhaltensstils zum Standardrepertoire in der Verhaltenstherapie. Ärzte und Diplompsychologen mit entsprechender Qualifikation kennen sie und wenden sie häufig an. Auch in der Arbeit der Schulpsychologischen Dienste sind sie bekannt, kommen dort jedoch, insbesondere aus Zeitgründen, nicht überall zum Einsatz. Zudem verbieten die entsprechenden Verwaltungsrichtlinien in den meisten Bundesländern den Schulpsychologen, selbst therapeutisch vorzugehen.

Das «Marburger Konzentrationstraining» allerdings ist von dem Schulpsychologen Dieter Krowatschek aus seiner praktischen Arbeit heraus entwickelt worden (s. Literaturverzeichnis). Dieses Verfahren kommt in immer mehr verhaltens- und lerntherapeutischen Einrichtungen erfolgreich zur Anwendung. Es greift das Reflexivitätstraining nach Ingeborg Wagner auf und bindet es als ein wesentliches Element in das Gesamtkonzept ein. Wie in allen Reflexivitätstrainings, die mir bekannt sind, üben die Kinder auch hierbei anhand von Bildmaterial ein, systematisch und strukturiert nach einer festen Vorgehensweise eine Aufgabe zu lösen.

Im Unterschied zur ursprünglichen Verhaltenstherapie, die noch stark vom Drill geprägt war, sind heutige Formen dieses Ansatzes wesentlich humaner. Zwar ist nach wie vor Konsequenz unverzichtbar, um zu therapeutischen Erfolgen zu gelangen, aber die Erkenntnisse aus der Motivations- und Persönlichkeitspsychologie haben Wirkung gezeigt. Schon Ingeborg Wagner hat darauf hingewiesen, was die Trainer der impulsiven Kinder als Grundhaltung verinnerlicht haben müssen: Akzeptieren der Kinder, Respekt vor ihrer Eigenständigkeit, therapeutisch-pädagogische Zuwendung, unterstützend positive Erfolgsrückmeldungen sowie Ermutigung nach Misserfolgen.

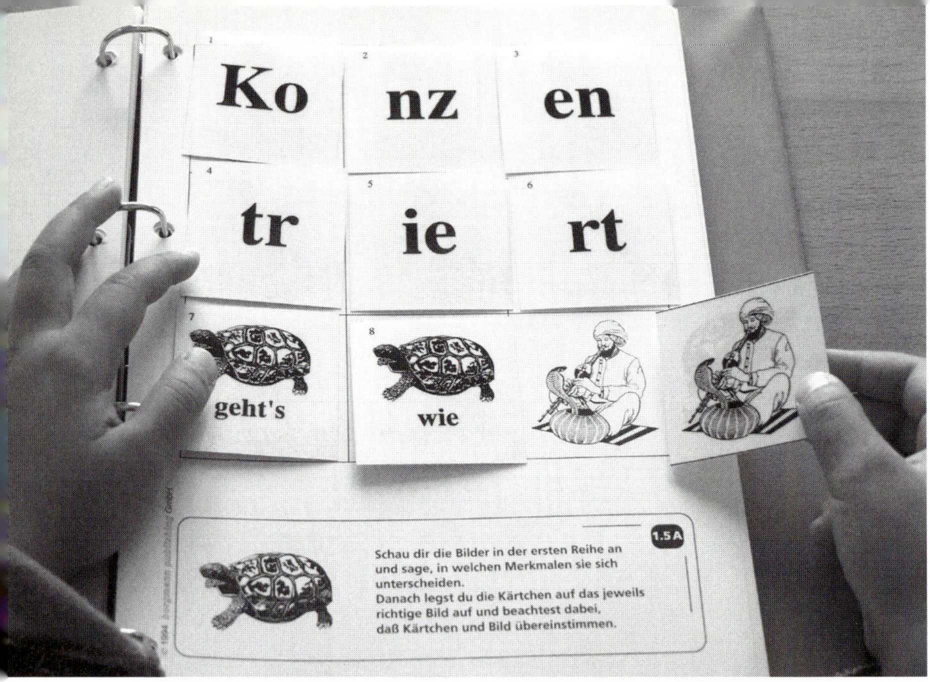

«Die bloße Anwendung von Übungen ohne eine entsprechende Gestaltung der mitmenschlichen Beziehung zu den Kindern könnte in einen bösen Drill ausarten, der diesen Kindern nur schmerzliche Erfahrungen vermitteln würde. Dass der Drill in Extremfällen (z. B. bei sehr ehrgeizigen Eltern) ... wirklich verhindert wird, dürfen wir kaum hoffen; ...» (Wagner, S. 185).

Möglicherweise ist diese Einschätzung mitverantwortlich dafür, dass ein Reflexivitätstraining für den häuslichen Bereich meines Wissens bislang nicht veröffentlicht wurde. Die Eltern-Kind-Beziehung ist zudem, das muss grundsätzlich und deutlich gesagt werden, nicht geeignet für therapeutische Maßnahmen von Eltern gegenüber ihren Kindern.

Dennoch ist nach meinen Erfahrungen möglich, was Wagner in Fortsetzung des obigen Zitats ausführte, *«dass wir aber den vielen talentierten Erziehern, auch Lernenden, Unerfahrenen, die nur noch einen kleinen Anstoß und Hinweise brauchen, um ihre Fertigkeiten immer besser zu entwickeln, manche konkrete Anregung geben ...» (ebd.)* können. Viele Rückmeldungen, die ich von Eltern nach entsprechenden Workshops bekommen habe, bestätigen meine Zuversicht.

Eltern, die mit ihren Kindern für die Schule üben, können lernen, deren Reflexivität beim Schreiben auf pädagogisch qualifizierte Weise zu trainieren. Die oben erwähnte Grundhaltung geht nicht allein auf Naturtalent zurück, sondern lässt sich üben. Viele Eltern bringen die Bereitschaft mit hinzuzulernen. Solange Kinder das gemeinsame Üben (relativ) gerne mitmachen, lohnt es sich auf jeden Fall, die Förderung des reflexiven Schreibens ins häusliche Trainingsprogramm mit aufzunehmen.

Ermutigend ist schließlich auch ein Experiment, das Ingeborg Wagner mit Müttern von impulsiven Fünfjährigen durchführte (vgl. Wagner, S. 153 ff.). Nach einer Anleitung durch die Psychologin führten diese mit ihren Kindern ein Reflexivitätstraining durch. Dadurch verlängerte sich nachweislich die vorher zu schnelle Reaktionszeit der Kinder bei den Testaufgaben, und ihre Fehlerquote sank. Außerdem erzielten sie höhere Werte im Intelligenztest als vor dem Training. Die Veränderungen in diesem Experiment waren noch deutlicher, als sie sich beim Training von Kindern mit der Psychologin gezeigt hatten.

Aufbau einer reflexiven Rechtschreibstrategie

Solange ich noch Lehrer war und im Unterricht Diktate schreiben ließ, war ich ratlos, wie ich den vorschnellen Schülern helfen sollte. Sie konnten beim Diktieren nie abwarten, bis ich einen Satz oder Satzabschnitt ausgesprochen hatte, sondern mussten stets schon beim ersten Wort losschreiben. Natürlich hatten sie dann oft vergessen, wie der Satz weiterging.

Auch in meiner Arbeit als Beratungslehrer ergaben sich zunächst kaum Fortschritte, wenn ich mit einem impulsiven Rechtschreiber ein Stopp-Zeichen vereinbart hatte, bei dem er vor dem Schreiben erst einmal nachdenken sollte. Aber eines Tages verhalf mir ein solcher Junge zu einem Aha-Erlebnis. Als er beim Wörterdiktat wieder die üblichen Fehler schrieb, obwohl er beim Zeigen der roten Seite einer Schaffnerkelle innehielt, fragte ich ihn, *was* er denn dabei denke. Er konnte darauf nichts sagen, sondern zuckte nur mit den Schultern. Das machte mir klar, dass die impulsiven Schreiber gar nicht wissen, was sie vorm oder beim Schreiben denken können, um sich der Schreibweise eines Wortes zu vergewissern.

Lehrer werden sich jetzt vielleicht fragen, warum solche Kinder denn nicht an die Regeln denken, die sie im Unterricht gelernt haben. Sie mögen sich aber auch fragen, ob sie denn selbst über eine Regel nachdenken, wenn sie bei der Schreibung eines Wortes unsicher sind. Wir Erwachsenen wenden da meist andere und eher intuitive Strategien an, indem wir das Wort beispielsweise auf zwei verschiedene Arten hinschreiben und dann prüfen, was richtiger aussieht (vgl. S. 16 ff.).

Kinder sind entwicklungspsychologisch im Grundschulalter zumeist noch gar nicht in der Lage, regelgeleitet zu schreiben. Außerdem müssten diese Regeln, um wirksam zu werden, nicht nur gewusst, sondern durch intensives Training völlig verinnerlicht sein. Dieses Verinnerlichen findet im Schulunterricht jedoch fast nie statt.

Eine Rechtschreibstrategie festlegen

Was sollen Kinder denken, wenn sie schreiben? Wie sieht eine sinnvolle Rechtschreibstrategie aus? Was sollte im Kopf sein, damit ein impulsives Kind auf die Frage: «Was denkst du denn beim Schreiben dieses Wortes?», nicht mit den Schultern zuckt?

Die Antwort auf diese Fragen ist abhängig von Alter, Entwicklungs- und Lernstand des jeweiligen Kindes. Deswegen können hier nur Beispiele für Rechtschreibstrategien vorgestellt werden. Sie wollen Ihnen Anregungen für die Festlegung einer passenden Strategie für Ihr Kind bieten.

- Schon im 2. Schuljahr macht es für impulsive Kinder Sinn, sich grundsätzlich vor dem Schreiben eines Wortes zwei Dinge zu überlegen:

Eine Minimalstrategie in zwei Schritten:

1. *Ist das Wort ein Substantiv (Namenwort, Dingwort)?*
2. *Buchstabiere das Wort!*

Um vorab Klarheit über die Groß- oder Kleinschreibung eines Wortes zu schaffen, reicht es aus zu klären, ob es ein Substantiv ist oder nicht. Die genaue Bestimmung der Wortart ist dafür nicht erforderlich. Fehler bei der Groß- und Kleinschreibung machen durchschnittlich rund ein Drittel aller Rechtschreibfehler in Diktaten aus.

Das zusätzliche Buchstabieren dient zum einen der Reaktionsverzögerung vor dem Schreiben, weil impulsive Kinder in der Regel zu schnell drauflosschreiben. Zum anderen hilft es, sich das Wort in der Abfolge der Schriftzeichen sowohl bildlich als auch auditiv und kognitiv noch einmal zu vergegenwärtigen, bevor es zu Papier gebracht wird.

- Etwas ältere und auch im Lernstand weiter vorangeschrittene Kinder können sich eine erweiterte Rechtschreibstrategie aneignen. Das folgende Beispiel (etwa im vierten Schuljahr) ist ganz besonders dann sinnvoll, wenn Ihr Kind auch nach den anderen Elementen der Schubs®-Methode übt.

Eine Strategie in vier Schritten:

1. *Ist das Wort ein Substantiv (Namenwort, Dingwort)?*
2. *Ist es verwandt mit einem anderen dir bekannten Wort?*
3. *Musst du den Auslaut verlängern (d – t, b – p, g – ch, g – k)?*
4. *Buchstabiere das Wort!*

Die erste und vierte Überlegung entsprechen der oben dargestellten Minimalstrategie. Die Frage nach Wortverwandtschaften bedeutet, zu überlegen, ob die Schreibweise des Wortes von einem anderen Wort abgeleitet werden kann. Wird die Strategie anhand der Karteikarten-Wörter eingeübt, kann sich das Kind leicht an die Rückseite der jeweiligen Karteikarte erinnern, auf der die Ableitungen notiert wurden.

Wörter, die auf d, t, b, p, g, k oder ch enden, lassen beim Hören nicht eindeutig erkennen, welcher Buchstabe am Ende stehen muss. Ob «Hund» (lautschriftlich: [hunt]) mit «d» oder «t» geschrieben wird, hört man erst im Plural: «Hunde» (lautschriftlich: [hundə]).

Ob «König» am Ende mit «g» [g] oder «ch» [ç] gesprochen wird, ist regional unterschiedlich. Das Bilden der Mehrzahl «Könige» hilft auf jeden Fall, einen möglichen Fehler zu vermeiden. Auch Kinder, die die Endungen «-ig» und «-lich» immer wieder verwechseln, können ihre Fehlerquote deutlich senken, wenn sie sich angewöhnen, solche Wörter zu verlängern («niedlich» – «niedliche»; «körnig» – «körnige»). Diese Technik hilft ihnen zuverlässiger als das Wiederholen einer Regel.

- Kinder *ab dem fünften Schuljahr* können eine noch umfassendere Rechtschreibstrategie entwickeln. Dabei werden die vier oben beschriebenen Schritte um weitere ergänzt. Welche das sein sollen, richtet sich wiederum nach dem Lernstand und den im Unterricht vermittelten Inhalten.

Weitere mögliche Schritte einer umfassenden Rechtschreibstrategie:

- *Enthält das Wort eine Besonderheit nach langem Vokal (evtl. Dehnungs-h, Doppelvokal, «ie»)?*
- *Enthält das Wort eine Besonderheit nach kurzem Vokal (Doppelkonsonant, ck, tz, Konsonantenhäufung)?*
- *Rechtschreibregeln aus dem Unterricht*

Die Frage nach einer besonderen Schreibweise bei Dehnung oder Kürze (mancherorts auch «Schärfung» genannt) ist nur für solche Kinder geeignet, die lange und kurze Vokale klanglich unterscheiden können. Wer das nicht hört, hat an dieser Frage keine Hilfestellung. Sie immer wieder zu stellen bewirkt keine Verbesserung, sondern nur zusätzliche Verwirrung. Stattdessen benötigen Kinder mit diesem Symptom einer so genannten auditiven Wahrnehmungsstörung ein spezielles therapeutisches Training bei einer Fachkraft.

In Bezug auf Schreibweisen nach langem Vokal ist es gut zu wissen, dass in den meisten Fällen *kein* Dehnungszeichen folgt (z. B. *malen, reden, sagen* ...). Wenn einem zu einem bestimmten Wort keine Regel, keine Ableitung, keine bildliche Vorstellung und kein Buchstabieren Sicherheit gibt, schreibt man also am besten ohne Dehnungszeichen.

Die Auswahl von Rechtschreibregeln für die persönliche Strategie richtet sich danach, was im Schulunterricht behandelt wurde. Es gibt nämlich große Unterschiede von Lehrer zu Lehrer, je nach Leistungsniveau der Klasse, methodischen Vorlieben oder verwendeten Schulbüchern. Um Ihr Kind nicht zu verwirren, sollten Sie ihm die Regeln ersparen, die Ihnen von früher her haften geblieben sind. Das gilt ganz besonders dann, wenn Sie die so genannte neue Rechtschreibung nicht vollkommen sicher beherrschen.

Die Durchführung des Reflexivitätstrainings

Nachdem Sie mit Ihrem Kind eine Strategie festgelegt haben, geht es darum, sie zu verinnerlichen. Sie wird schrittweise gelernt und systematisch eingeübt, bis sie am Ende automatisch angewendet werden kann. Wenn Ihr Kind seine Strategie perfekt beherrscht, braucht es beim Schreiben keine langen Denkpausen mehr. Die entsprechenden Fragen oder Prüfaktionen laufen im Hintergrund und – zumindest teilweise – beim Schreiben ab.

Um dieses Ziel zu erreichen, vereinbaren Sie zunächst zwei Zeichen mit Ihrem Kind. Das eine bedeutet: «Stopp – erst denken, dann schreiben.» Dazu taugt ein Handzeichen (zum Beispiel die flache Hand heben) ebenso gut wie etwa eine rote Karte oder die rote Seite einer Schaffnerkelle aus der Spielzeugkiste.

Ein zweites (Go-)Zeichen bedeutet: «Du hast lange genug nachgedacht, jetzt kannst du schreiben.» Vielleicht zeigen Sie dafür den erhobenen Daumen, eine grüne Karte oder die grüne Seite der Schaffnerkelle.

Bitte beachten Sie unbedingt, dass dieses Zeichen *nicht* heißt: «Du hast *richtig* überlegt», sondern nur: «Du hast *genug* überlegt.» Ihr Kind hat ein Recht auf seine Fehler!

Korrigieren Sie also bitte nicht, wenn Ihr Kind beim Überlegen etwas Falsches sagt. Die Wirkung ist viel nachhaltiger, wenn es später seinen Fehler entdeckt.

Wie lange dauert das Reflexivitätstraining?

Für die Durchführung des Reflexivitätstrainings sollten Sie sich acht Wochen Zeit lassen. Das ist eigentlich nicht sehr viel angesichts des gewichtigen Problems. Aber die Konzentration auf die Sache und die Regelmäßigkeit der drei bis vier wöchentlichen Übungseinheiten sorgen für den Erfolg.

Wann wird trainiert?

Es gibt zwei Möglichkeiten der Durchführung: Sie können das Reflexivitätstraining in die Wortdiktate der Schubs®-Methode einbauen, wenn Ihr Kind schon große Routine bei allen methodischen Schritten entwickelt hat. Es sollte zudem bereits einen Vorrat von rund 50 Fehlerwort-Karteikarten haben. Bei diesem Vorgehen verringern Sie den Umfang der Wortdiktate um die Hälfte auf vier bis fünf Wörter. Dieses Vorgehen klappt vor allem bei Schulkindern etwa ab dem vierten Schuljahr.

Die andere, für jüngere wie auch für besonders zappelige Kinder besser geeignete Möglichkeit besteht in einem Aussetzen der Schubs®-Methode für acht Wochen. Stattdessen führen Sie in den vereinbarten Übungssitzungen nur Wortdiktate im gewohnten Umfang von acht bis zehn Wörtern durch. Wegen des Abfragens der Strategieschritte und der exakten Begründung von Falschschreibungen («Bei welchem Schritt hast du verkehrt überlegt? Wie hätte es richtig sein müssen?») dauern diese Sitzungen zwischen 10 und 15 Minuten. Als Ausgangsmaterial können wieder die Fehlerwort-Karteikarten dienen, von denen schon etwa 100 Stück gesammelt sein sollten. Denkbar sind auch Wortdiktate mit den Wortlisten aus dem Sprachbuch der Klassenstufe, aber das Markieren von Erfolgsstrichen auf den Karteikarten ist erfahrungsgemäß besonders motivierend.

Wie geht man beim Wortdiktat im Reflexivitätstraining vor?

Die acht Wochen werden in vier Stufen zu je zwei Wochen eingeteilt. Auf jeder Stufe finden demzufolge sechs bis acht Trainingssitzungen statt. Von Stufe zu Stufe geht mehr an Eigenverantwortung an Ihr Kind über. Sie führen die Wortdiktate so durch, wie auf S. 75 ff. beschrieben, aber berücksichtigen zusätzlich Folgendes:

- **Stufe 1**
  (erste und zweite Woche):
  Sie diktieren Ihrem Kind ein Wort, geben das Stopp-Zeichen und fragen laut die Strategieschritte ab, die Sie mit Ihrem Kind zuvor festgelegt haben (s. S. 88 ff.). Auf jede einzelne Frage antwortet Ihr Kind unmittelbar und ebenfalls laut. (Wenn es falsch antwortet, lassen Sie sich bitte nichts anmerken. Ihr Kind wird eventuelle Fehler am Ende des Wortdiktats bei seiner Korrektur selbst entdecken.) Wenn alle Fragen der Strategie beantwortet sind, zeigen Sie das Go-Zeichen, und Ihr Kind schreibt das Wort auf seinen Diktatzettel. Genauso gehen Sie bei den weiteren Diktatwörtern vor.

- **Stufe 2**
  (dritte und vierte Woche):
  Sie diktieren Ihrem Kind ein Wort und geben das Stopp-Zeichen. Ihr Kind fragt selbst laut die Strategieschritte ab und antwortet stets gleich auf jede Frage selbst. Wenn es alle Fragen gestellt und beantwortet hat, geben Sie das Go-Zeichen und Ihr Kind schreibt. Hat es einen Schritt ausgelassen, so geben Sie einfach kein Go-Zeichen, bis es verstanden hat, dass noch eine Überlegung fehlt.

- **Stufe 3**
  (fünfte und sechste Woche):
  Sie diktieren ein Wort und geben das Stopp-Zeichen. Ihr Kind muss jetzt nicht mehr fragen, aber alle Antworten, eine nach der anderen, laut sagen. Sie zeigen «go», wenn alle Schritte bedacht sind, ob richtig oder nicht.

- **Stufe 4**
  (siebte und achte Woche):
  Sie diktieren ein Wort. Ihr Kind gibt selbst das Stopp-Zeichen und überlegt die Strategieschritte still, ohne zu sprechen. Anschließend zeigt es selbst «go» und schreibt.

Auf der vierten Stufe hat Ihr Kind also den gesamten Denkvorgang wortwörtlich, nämlich mit dem Stopp- und dem Go-Zeichen, selbst in der Hand.

Auf diese Weise schleift sich jetzt das Nachdenken über die Schreibweise als Gewohnheit ein, während in den sechs Wochen zuvor die dafür hilfreichen Fragen verankert wurden.

Lassen Sie sich durch nichts und niemanden zu einer Verkürzung des Trainingsprogramms verleiten. Es mag Ihnen selbst und fast mit Sicherheit auch Ihrem Kind irgendwann einmal «ätzend» vorkommen. Aber es ist wie beim Fahrradfahren: Durch ständiges Üben wird eine neue Fähigkeit eingeprägt und «überlernt», wie die Lernpsychologen das nennen. Auch nach jahrelanger Pause kann jeder wieder auf ein Fahrrad steigen, wenn diese Fähigkeit einmal automatisiert war.

Wie werden die Diktatwörter korrigiert?

Am Ende des Wortdiktates führt Ihr Kind jedes Mal selbständig, aber unter Ihrer Aufsicht, die Korrektur durch. Ein richtig geschriebenes Wort erhält, wie schon gewohnt, auf der Karteikarte seinen Strich. Wenn ein Wort falsch geschrieben wurde, bekommt es keinen Strich bzw. müssen bereits markierte Striche vollständig ausradiert werden.

Wichtig ist es jetzt, den Fehler auf die Prüffragen der Strategie zu beziehen. Auf der Stufe 1 fragen Sie deshalb: «Bei welchem Schritt hast du verkehrt überlegt? Wie hätte es richtig sein müssen?» Wenn Ihr Kind nicht gleich auf die richtige Antwort kommt, fragen Sie noch einmal alle Strategieschritte ab, bis es seinen Denkfehler findet. Ab Stufe 2 sollte es selbst sagen können, wo der Fehler liegt und wie es richtig sein muss. Ein Beispiel: «‹Hund› schreibt man nicht mit ‹t›, sondern mit ‹d›, weil man in der Mehrzahl ‹Hunde› das ‹d› hören kann.» Wenn das noch nicht auf Anhieb klappt, fordern Sie Ihr Kind auf, noch einmal alle Strategieschritte durchzugehen.

Auf diese Weise lernen Kinder, dass sie nicht zu dumm zum richtigen Schreiben sind, sondern nur Denkfehler begangen haben, die sie selbst korrigieren können. Das ist ein enormer Fortschritt für die, die schon aufgegeben haben, weil sie einfach nicht wissen, was sie denken können, um der Schreibweise eines Wortes auf die Schliche zu kommen.

LOOK AT THE FLOWERS

Kapitel 7 |

Im Laufe der Zeit – Folgen und weitere Möglichkeiten des Trainings

«Die Erwartungen an das Kind

sind dann vernünftig,

wenn der Erfolg möglich,

aber nicht ganz ohne Anstrengung

zu erringen ist.»

(Mia Kellmer Pringle)

Sie kennen nun die gesamte Schubs®-Methode, vorerst allerdings nur theoretisch. Erst nach Ihren eigenen praktischen Erfahrungen werden Sie wirklich wissen, was die Methode zu leisten vermag.

Wenn Sie das Rechtschreiben bisher auf eine eher unbefriedigende Art und Weise mit Ihrem Kind geübt haben, dann dürfen Sie in Zukunft eine Menge an Veränderungen erwarten. Nicht nur, dass der gewünschte Übungserfolg sich nach und nach einstellen wird, auch Ihr Kind wird sich verändern und möglicherweise sogar Sie selbst. Hier einige Rückmeldungen von Müttern, die mit der Schubs®-Methode arbeiteten:

- *«Das hätte ich nie für möglich gehalten! Mein Junge ist ein ganz anderer geworden, gut gelaunt und zuversichtlich. Er schmust sogar wieder mit mir!»*
- *«Nicht nur das Rechtschreiben klappt jetzt besser. Sarah macht auch ihre Hausaufgaben neuerdings selbständig.»*
- *«Anfangs war Tobi noch deprimiert und hat auch öfters geweint, weil ich ihm gesagt hatte, dass es ein Jahr lang dauern könnte, bis er die erste Vier im Diktat schafft. Aber schon nach zwei, drei Monaten war er voll dabei und ganz scharf darauf, möglichst viele Karteikarten-Wörter bis zum fünften Strich zu bringen. Die erste Vier kam schon nach weniger als einem halben Jahr, da haben wir gefeiert und sind Pizza essen gegangen. Jetzt, nach einem Jahr, schreibt Tobi Dreier im Diktat und ist viel selbstbewusster als früher.»*
- *«Ich kann Ihnen gar nicht sagen, wie erleichtert ich bin! Unser ganzes Familienklima hat sich gebessert. Es gibt fast keinen Stress mehr wegen der Schule.»*

Die Liste solcher Äußerungen ließe sich beliebig verlängern. Sie beweist, was systemisch arbeitende Schulpsychologen und Lerntherapeuten gleichfalls immer wieder erfahren: Wenn man an einem Punkt im System eine Veränderung bewirkt, verändert sich das gesamte System.

Der erste Veränderungsansatz mit Hilfe der Schubs®-Methode liegt bei Ihnen. Sie erhalten mit ihr eine Anleitung zu einem anderen Verhalten im Umgang mit Ihrem Kind in der Übungssituation. Normalerweise ist es sehr schwierig, altgewohnte Verhaltensweisen zu verändern. Aber dieses andere Verhalten hat deswegen eine besonders gute Chance, weil die Methode andere Tätigkeiten vom Kind fordert als bisher. Dadurch werden neue Aktionen zwischen Ihnen und dem Kind notwendig; mit neuen Interaktionen lassen sich die eingespielten Beziehungsmuster überwinden.

Der zweite Veränderungsansatz liegt beim Kind, das mit Hilfe der Schubs®-Methode endlich einmal zu den Erfolgserlebnissen kommt, die es so lange entbehren musste. Und da nichts mehr motiviert als der Erfolg, bietet die Methode eine ausgezeichnete Chance, den Teufelskreis von Versagen und Verzagen durch einen Erfolgskreis aus Freude, Fortschritt und Anstrengungsbereitschaft abzulösen.

Kurzfristige Effekte für das Kind

Wie eine der obigen Mütteräußerungen schon deutlich machte, kann es manchmal eine Weile dauern, bis ein Schüler aus der Misserfolgsorientierung herausfindet. Das hängt von der Dauer und Intensität seiner Misserfolgserfahrungen ebenso ab wie von Erwartungen in der Familie und der seelischen Konstitution.

Drei Elemente helfen beim Aufbau einer positiven Lernhaltung: Die Beachtung der Grundregeln für das häusliche Üben (vgl. S. 29 ff.) ist ein erster Garant für entspannteres Arbeiten und wachsende Erfolgszuversicht. Als Zweites schaffen die allgemeinen Übungsgrundsätze der Schubs®-Methode Übersichtlichkeit, Struktur und Verlässlichkeit für das Kind. Drittens schließlich erleben Schüler beim Üben mit der Methode in jeder Sitzung kleine Erfolge, die durch bestätigende und lobende Äußerungen verstärkt werden. Das baut Anstrengungsbereitschaft und erfolgsorientierte Leistungsmotivation auf.

Hinzu kommt noch der «Spaßfaktor», der vor allem beim Durcharbeiten von Fehlerwörtern auftritt. Die Aktionen sind mit Bewegung verbunden, was Kindern besonders entgegenkommt. Das Silbenballett und der Nasenpinsel rufen fast immer Gelächter hervor. Die ganzen negativen Emotionen, die mit dem Schreiben verknüpft sind, fehlen. Stattdessen wird allmählich die gute Laune an das Umgehen mit Schriftsprache gekoppelt; es findet eine positive Umkonditionierung statt.

Genau dieser Prozess ist es, der schon mehrfach ein Kind zu der im Vorwort zitierten Äußerung veranlasst hat: «Mama, üben wir jetzt nicht, bloß weil Ferien sind?» Kinder sind nämlich von Natur aus so lange lernbegierig und anstrengungsbereit, wie ihre Bemühungen mit Fortschritten im Wissen und Können belohnt werden. Das Arbeiten für die Schule kann Freude vermitteln und wird dann gar nicht als belastend empfunden, wie auch Erwachsene keinen negativen Berufsstress spüren, wenn ihre Arbeit ihnen wirklich Freude und Befriedigung vermittelt.

Wachsendes Selbstbewusstsein

Der kurzfristig einsetzende Effekt steigender Übungsbereitschaft hat mittel- und langfristig weitere positive Folgen. Jeder Sportler weiß aus Erfahrung, dass seine Leistung bis zu einem gewissen Grad vom Trainingsaufwand abhängt. Ohne Training lässt die Leistung nach. Die Bereitschaft zu trainieren hängt wiederum zu einem großen Teil von der Aussicht auf Erfolge ab, wobei die Maßstäbe natürlich unterschiedlich sind. Wer als Freizeitsportler die Zeiten von Leichtathletik-Superstars erreichen möchte, wird bald frustriert aufgeben. Wer es als Erfolg werten kann, einen halbstündigen Waldlauf in gemächlichem Tempo durchzuhalten, wird sein Ziel erreichen und bei der Stange bleiben. Anfänglich werden ein Glücksgefühl und Stolz auf die eigene Leistung dominieren. Nach und nach jedoch sickert das Bewusstsein von der erreichten Leistungsfähigkeit in das Selbstbild ein: «Ich bin jemand, der eine halbe Stunde Dauerlauf durchhält.» Das Selbstbewusstsein ist gegenüber dem Laufanfänger deutlich gestiegen.

Ähnlich geht es auch allen schwachen Rechtschreibern. Wer als Legastheniker fehlerfreie Diktate anstrebt, muss irgendwann resigniert aufgeben. Wer sich jedoch erreichbare Ziele setzt, beispielsweise die Beherrschung von einem Fehlerwort nach dem anderen in überschaubaren Zeiträumen, kann mit kontinuierlichem Training die gewünschten Fortschritte erlangen. Entscheidend ist zum einen der realistische Maßstab zur Bewertung der eigenen Leistung, zum anderen die geeignete, wirksame Trainingsmethode.

Wer ein Fehlerwort nach dem anderen «besiegt», dessen Selbstbewusstsein wächst in Bezug auf die eigene Rechtschreibkompetenz: «Ich kann immer mehr Wörter richtig schreiben.» Daneben festigt sich aber auch das Bewusstsein davon, Rechtschreibfehler überwinden und ausmerzen zu können: «Ich weiß, wie ich meine Fehler überwinden kann.» Das Kind wird immer selbständiger bei seinem Training, der wachsende Stapel von «besiegten» Karteikarten festigt seine Überzeugung, künftig immer weniger Fehler beim Schreiben zu machen und die neu auftretenden auch noch bewältigen zu können.

Nur wer zu früh mit dem Trainieren aufhört, vielleicht wegen zu hoher Leistungserwartungen oder wegen fehlender Ermutigung und Bestätigung, fällt wieder auf das frühere Leistungsniveau und in die alte Überzeugung eigener Unfähigkeit zurück.

Selbständigkeit und Eigenverantwortung

Schüler, die deutlich mehr Rechtschreibfehler als andere produzieren, werden leicht als «rechtschreibschwach» oder als «Legastheniker» bezeichnet. Das mag für Erwachsene, die mit dem Kind arbeiten, für Lehrer oder Therapeuten eine nützliche Einstufung sein, wenn sie daraus hilfreiche Maßnahmen wie Förderunterricht oder Trainingsprogramme ableiten wollen. Für die Kinder selbst bedeutet es, mit dem Etikett herumzulaufen: «Ich bin Legastheniker.» Einmal verinnerlicht, ist solch ein Selbstbild nur schwer zu verändern (vgl. S. 25). Damit wird es aber auch schwierig, solche Verhaltensziele anzustreben, die nicht mit dem Bild vom Legastheniker übereinstimmen, beispielsweise schön zu schreiben. Das Etikett wird wie ein Behindertenausweis vorgezeigt, wenn sorgfältiges Schreiben verlangt wird: «Warum soll ich mich beim Schreiben anstrengen? Ich bin doch Legastheniker.»

Natürlich sind legasthene und rechtschreibschwache Kinder objektiv in ihrer Schreib-Leistungsfähigkeit beeinträchtigt. Das heißt jedoch nicht, dass sie diesbezüglich nicht entwicklungsfähig wären. Wenn wir Erwachsene an ihren vorhandenen Fähigkeiten ansetzen, ihre Möglichkeiten in den Blick nehmen, realistische Ziele bestimmen und die geeigneten Lern- und Übungsmethoden einsetzen, können solche Kinder deutliche, für manche Erwachsenen erstaunliche, Fortschritte erzielen.

Wer sich für einen Legastheniker hält, der sowieso nicht richtig schreiben kann, der kann auch keine Motivation für ein Rechtschreibtraining aufbringen. Wo keine Hoffnung auf Erfolg besteht, wird der Erfolg auch nicht angestrebt. Daher wirken als legasthen oder rechtschreibschwach etikettierte Schüler bezüglich des Schreibens meistens unmotiviert – auch wieder ein Etikett. Für den Alltag eines Schulkindes ist eine Beschreibung seiner Schwierigkeiten der folgenden Art viel hilfreicher:

«Du machst beim Schreiben mehr Fehler als deine Mitschüler. Du fragst dich wahrscheinlich selbst, woran das liegen könnte. Du gibst dir schließlich viel Mühe, übst und strengst dich an, ohne dass es besser wird.

Um gut rechtschreiben zu können, braucht man gut funktionierende Sinne wie Auge und Ohr, Gleichgewichtssinn, ein gutes Gedächtnis für Laute und Bilder und noch viel mehr. Das alles funktioniert nicht bei allen Menschen gleich gut. Wir sehen alle verschieden aus, sind verschieden stark und funktionieren verschieden.

Du hast schon so viel gelernt

(Beispiele nennen!), dass ich weiß: Du kannst lernen. Wenn es aber mit dem Rechtschreiben nicht auf die Weise klappt, mit der die anderen erfolgreich sind, dann musst du eben auf eine andere Art üben. Lass es uns ausprobieren, dann hast du eine Chance.»

Wer sein Etikett als rechtschreibschwach oder als Legastheniker trägt, ist abhängig von anderen: ihrem Wohlwollen, ihrer Rücksichtnahme, ihrer Hilfe, vom Aussetzen der Benotung und der Gewährung besonderer Arbeitsbedingungen, aber auch von ihrem Antreiben zum Arbeiten. Eigener Antrieb, Anstrengungsbereitschaft, Leistungsmotivation passen nicht zum Etikett.

Die Schubs®-Methode mit ihrem ganzheitlichen Ansatz auf der Basis von methodischer Vielseitigkeit wirkt dem Etikett entgegen und vermittelt die Erfahrung: «Ich kann meine Rechtschreibfähigkeit tatsächlich verbessern.» Das Kind erlebt, wie es durch eigene Anstrengung zum Erfolg kommt. Mit der wachsenden Gewissheit bezüglich seiner Fähigkeiten wachsen auch Selbständigkeit und damit Unabhängigkeit. Es kann jetzt wieder, wie es im Menschen angelegt ist, Motor seiner eigenen Entwicklung sein.

Das derart veränderte Selbstbild wirkt sich über das Rechtschreibtraining hinaus auf andere schulische Leistungsbereiche bis in die allgemeine Persönlichkeitsentwicklung hinein aus. So wie sich dauerhafte Misserfolgserlebnisse im Rechtschreiben nach und nach auf das gesamte Leistungsspektrum auswirken können, können dauerhafte Erfolgserlebnisse positiv generalisiert werden. Darum ist es nicht sehr verwunderlich, dass ein Kind in der Folge des Übens nach der Schubs®-Methode anfängt, seine Hausaufgaben selbständig zu machen.

Stärkung der Eltern-Kind-Beziehung

Ich möchte noch einmal auf die oben zitierten Rückmeldungen von Müttern zurückkommen (S. 96). Ist es nicht wunderbar, wenn die Beziehung zwischen Mutter und Kind nach langer Stressphase so geheilt wird, dass Schmusen wieder möglich ist oder beide das Familienklima als entspannt erleben?

Es sind – ohne Übertreibung! – mehrere Millionen von Familien in Deutschland durch Schule und Hausaufgaben klimatisch belastet. In einem erheblichen Teil davon geht es vor allem um die Rechtschreibung. Mit Schriftsprache umgehen zu können ist natürlich eine grundlegend wichtige Kulturtechnik, also wird zu Hause geübt. Dabei fühlen sich Eltern, vor allem die Mütter, unter erheblichem Erfolgsdruck, was sich in einer gespannten Beziehung zum Kind äußert. Doch die Eltern-Kind-Beziehung gehört zum Wichtigsten überhaupt, womit Eltern ihr Kind fördern können. Vertrauen, Verständnis und Geborgenheit, Zeit, Zuwendung und Zuversicht – mit diesen Zutaten der Kindheit und Jugend kann die Persönlichkeit eines heranwachsenden Menschen Stärke gewinnen.

Die Schubs®-Methode lässt diese Zutaten zur Geltung kommen. Regelmäßig nimmt sich eine feste Bezugsperson Zeit, um mit dem Kind in einer geborgenen Atmosphäre mit Freude und Erfolgszuversicht zu arbeiten. «Die Mama ist jetzt viel besser im Üben als früher», erzählte mir einmal eine Drittklässlerin. «Sie schreit nicht mehr und lobt mich oft.» Welch eine Erleichterung für diese Mama, deren Tochter ihre Veränderungen positiv registrierte!

Sie werden merken: Das feste Korsett der Übungsmethode, dessen einzelne Bausteine zusammenpassen wie die Teile eines Systembaukastens, hilft auch Ihnen, geduldiger, realistischer und zuversichtlicher zu werden, zunächst bei den Rechtschreibübungen, dann bezüglich der ganzen Schulangelegenheiten Ihres Kindes.

Damit wird nicht nur Ihr eigenes Nervenkostüm geschont. Ihr Kind wird Sie mehr akzeptieren und respektieren, seine Beziehung zu Ihnen kann sich normalisieren und das Familienklima entspannen.

Anwendung bei Fremdsprachen

Immer wieder werde ich gefragt, ob denn die Schubs®-Methode auch auf Fremdsprachen angewendet werden könne. Schließlich haben die meisten rechtschreibschwachen Schüler beim Schreiben von fremdsprachlichen Vokabeln oder Texten die gleichen Probleme wie im Deutschen. Allerdings gibt es auch einige, die sich die Schreibweise von Vokabeln offenbar anders einprägen als von Wörtern der Muttersprache.

Die Schubs®-Methode funktioniert prinzipiell auch bei Fremdsprachen. Der einzige problematische Schritt beim Durcharbeiten von Fehlerwörtern ist in den meisten Sprachen das rückwärts abbauende Lesen. Englisch und Französisch beispielsweise haben dermaßen komplexe Ausspracheregeln, dass nur in wenigen Silben Laute in Form einzelner Buchstaben rückwärts abgebaut werden können.

Eine Lerntherapeuten-Kollegin hat dennoch positive Erfahrungen mit dem Englischen gemacht. Sie ließ die

Schüler stets ganze Lautgruppen oder Silben einkringeln.

Ganz problemlos ist es jedoch bei den Sprachen, in denen lautgetreu geschrieben wird. In Latein beispielsweise gibt es weniger Abweichungen zwischen Schriftzeichen und Lauten als im Deutschen. Auch italienische und spanische Vokabeln lassen sich vermutlich gut rückwärts abbauend lesen. Praktische Erfahrungen habe ich damit jedoch nicht gesammelt.

Alle anderen Schritte des Durcharbeitens von Fehlerwörtern sowie vielleicht weitere, selbst erdachte, sind in allen Fremdsprachen möglich. Auch das schriftliche Wiederholen der Vokabeln nach dem Karteikastenprinzip empfiehlt sich, schließlich ist dieses Prinzip speziell für das (allerdings mündliche) Vokabelbüffeln entwickelt worden.

Prinzipiell ist sogar das Reflexivitätstraining mit Vokabeln denkbar, wobei die Denkschritte der Schreibstrategie den Gesetzmäßigkeiten der Fremdsprache angepasst werden müssen.

Auswirkungen auf die Lesefähigkeit

Wer rechtschreibschwach ist, hat zumeist (aber nicht immer!) auch Schwierigkeiten mit dem Lesen. Legasthenie wird üblicherweise mit dem deutschen Begriff Lese-Recht-schreib-Schwäche (LRS) übersetzt.

Hiltraud Prem (vgl. Literatur S. 107) hat das rückwärts abbauende Lesen für den Erstlese-Unterricht aufbereitet. Anhand von 40 Wörtern erwarben ihre Schulkinder die Fähigkeit, neue Wörter selbständig zu erlesen. Sehr skeptisch wurde in der Fachwelt wie auch bei Selbsthilfeverbänden ihre Aussage aufgenommen, dass sie niemals einen Legastheniker in ihren Klassen erlebt hätte. Eine Evaluierung ihrer Methode, die hohen wissenschaftlichen Standards genügt und langfristige Effekte erfasst, hat es bislang nicht gegeben. Allerdings liegen zahlreiche Erfahrungsberichte von Lehrkräften sowie einige Zulassungsarbeiten angehender Lehrerinnen mit höchst positiven Ergebnissen vor.

Meine Erfahrung aus der lerntherapeutischen Arbeit ist, dass sich alle Kinder beim Trainieren des Rechtschreibens nach der Schubs®-Methode auch im Lesen verbessern. Manche wurden sogar nach wenigen Monaten zu regelrechten Leseratten, weil ihnen das Erlesen der Texte zunehmend leichter fiel. Verantwortlich dafür ist offenkundig vor allem das rückwärts abbauende Lesen, bei dem die Buchstaben-Laut-Zuordnung sowie die Fähigkeit zur Lautsynthese nach und nach sicher gefestigt werden.

Effekte im Unterricht

Eltern fragen am Ende meiner Workshops häufig, ob denn auch Lehrer die Schubs®-Methode kennen und danach arbeiten. Wenn das Rechtschreibtraining so viel Spaß machen und so wirksam sein kann, dann sollte doch auch im Unterricht danach gearbeitet werden.

Prinzipiell finde ich diese Forderung natürlich sympathisch, doch ganz so einfach ist eine Übertragung der Methode auf Klassen oder Fördergruppen nicht. Sie ist schließlich für die Arbeit mit einzelnen Kindern entwickelt worden. Und doch hatte ich schon etliche Male die Gelegenheit, interessierten Grund- und Sonderschulkollegien die Methode an schulinternen Fortbildungstagen vorzustellen, was jedes Mal auf eine sehr positive Resonanz stieß.

In all diesen Kollegien wurde die Ansicht geäußert, dass einzelne Elemente der Schubs®-Methode im Klassenunterricht einsetzbar seien. Sie stellt gewissermaßen einen Steinbruch dar, aus dem sich jeder Lehrer die für ihn brauchbaren Brocken herausschlagen und in seinen Unterricht einbauen kann. Welche Elemente das im Einzelnen sein können, hängt von verschiedenen Faktoren ab:

- Alter, Reife und Selbständigkeit der Schüler sind zu beachten, wenn sie überwiegend in Partnerarbeit trainieren sollen.
- Die Klassen- oder Gruppengröße sowie die Disziplin sind ausschlaggebend für das Gelingen der bewegungsbetonten Übungsschritte.
- Der Unterrichtsstil des Lehrers muss zur Methode passen. Wer methodisch gegen seine Überzeugung unterrichtet, kommt bei den Kindern nicht an und kann nicht erfolgreich sein.
- Die Unterrichtsorganisation muss das kontinuierliche Üben drei- bis viermal pro Woche in kurzen Sequenzen ermöglichen.
- Bereits eingeführte und bewährte Methoden sollten möglichst in das neue Übungskonzept integriert werden können, denn Kinder brauchen auch in methodischer Hinsicht Kontinuität.

Eine junge Lehrerin erlernte die Methode bei mir im Rahmen eines vierstündigen Elternworkshops. Anschließend setzte sie sie im Förderunterricht eines dritten Schuljahrs ein und dokumentierte das nur neun Wochen dauernde Projekt in ihrer Hausarbeit zur Zweiten Staatsprüfung für das Lehramt. Unter anderem stellte sie fest, «… dass das Konzept von

Detlef Träbert für die Förderung der Rechtschreibkompetenz innerhalb der Schule grundsätzlich geeignet ist» (Sina 2000, S. 29).

Sina zeigt aber auch auf, dass ein Förderkonzept, bei dem kleine Fördergruppen parallel zum Klassenunterricht stattfinden, personalintensiv ist. In Zeiten des Lehrermangels und erhöhter Unterrichtsdeputate lässt sich das leider nicht an allen Schulen realisieren, denn dazu ist die Doppelbesetzung in der Klasse für vier Stunden pro Woche erforderlich.

Als Ausweg regt Sina an, zu prüfen, «ob es in der Schule *Rechtschreibmütter* ähnlich den bereits in vielen Schulen etablierten Lesemüttern geben könnte. Diese könnten im Wechsel an jeweils einem oder zwei Vormittagen in der Woche für eine Viertelstunde mit den Kindern die Lernwörter üben» (ebd., S. 28).

Elternmitwirkung im Unterricht (EMU) oder auch im Rahmen von Ganztags-Betreuungsmaßnahmen stellt in der Tat eine Möglichkeit dar, zusätzliches Üben mit rechtschreibschwachen Kindern zu organisieren. Das darf in der Konsequenz aber weder dazu führen, dass sich der Staat aus seiner Verantwortung für die ausreichende Versorgung der Schulen mit Lehrkräften herausstehlen kann, noch, dass die Lehrerschaft ihre Bemühungen um mehr methodische Phantasie mit dem Argument einstellt, spezieller Förderbedarf werde ja an anderer Stelle abgedeckt. Wenn die Schulen ausreichend mit gut qualifizierten, regelmäßig fortgebildeten Lehrern versorgt sind, lässt sich die Zahl der als rechtschreibschwach eingestuften Schüler und damit viel individuelles Leid deutlich verringern.

Manchmal ist professionelle Hilfe erforderlich

Wer realistisch ist, muss die Tatsache anerkennen, dass die Schubs®-Methode nicht in allen Fällen zum Erfolg führen kann. Bislang hat niemand den Stein der Weisen entdeckt, mit dessen Hilfe jedem Menschen bei der Überwindung von Rechtschreibschwäche geholfen wird.

Auch das in diesem Buch beschriebene methodisch vielseitige Vorgehen wird nicht zum speziellen Fähigkeitsprofil aller betroffenen Schüler passen. Außerdem spielt die Qualität der Beziehung zwischen dem Kind und seinem Lernhelfer eine entscheidende Rolle. Manche Konflikte zwischen ihnen laufen verdeckt ab. Lernschwächen können (unbewusst) erlernt sein, um sich eine Machtposition über die Eltern oder die herausragende Position innerhalb der Geschwisterschar zu verschaffen.

Es werden wohl auch nicht alle Eltern schaffen, sich erfolgreich in die Methode einzuarbeiten, selbst wenn sie hochmotiviert dafür sind.

Dann ist manchmal professionelle Hilfe erforderlich (vgl. S. 27). Dazu an dieser Stelle nur drei Hinweise:

Schulpsychologischer Dienst und Beratungslehrer

Professionelle Hilfe muss nicht immer etwas kosten. Der Schulpsychologische Dienst (in Baden-Württemberg: Schulpsychologische Beratungsstelle) ist eine Beratungseinrichtung, die das Schulsystem für Schüler, Eltern und Lehrer zur Verfügung stellt. Die dort tätigen Fachkräfte sind auf Schule spezialisierte Diplompsychologen. Sie führen bei Bedarf kostenlos pädagogisch-psychologische Tests durch und beraten ihre Klienten über sinnvolle und mögliche Maßnahmen bei Lern- und Teilleistungsschwächen, aber auch bei Fragen der Schullaufbahn oder in Konfliktsituationen mit der Schule.

Ihr Manko ist die manchmal übergroße Auslastung, weil es nicht in jeder Stadt oder Region genügend Schulpsychologen gibt. Doch die Wartezeiten fallen höchst unterschiedlich aus.

Die Adresse des nächsten Schulpsychologischen Dienstes hat das Schulsekretariat, oder sie ist im Internet unter www.schulpsychologie.de zu finden.

Beratungslehrer arbeiten mit den Schulpsychologen eng zusammen; in manchen Bundesländern werden sie von ihnen sogar aus- und fortgebildet. Sie haben eine pädagogisch-psychologische Zusatzausbildung und sind für einige Stunden pro Woche vom Unterricht freigestellt, um Schülern und Eltern bei Schulproblemen aller Art zu helfen. Fragen Sie einfach beim Klassenlehrer oder der Schulleitung, ob für die Schule Ihres Kindes ein Beratungslehrer zuständig ist.

Lerntherapeuten

Gerade in Bezug auf Legasthenie bzw. Lese-Rechtschreib-Schwäche gibt es einen unüberschaubaren Markt von Einrichtungen und Therapeuten, die ihre Dienste in sehr unterschiedlicher Qualität und zu höchst unterschiedlichen Preisen anbieten. Eine gewisse Orientierung kann die Zugehörigkeit eines Therapeuten zum Fachverband für integrative Lerntherapie e.V. (FiL) bieten.

Dieser Verband organisiert Lerntherapeuten nicht nur als Standesorganisation, sondern bietet ihnen auch Aus- und Fortbildung an. Er hat ein wissenschaftlich fundiertes Ausbildungskonzept erarbeitet und verleiht das Zertifikat «Integrativer Lerntherapeut FiL». Wer das vorweisen kann, ist mit Sicherheit gut qualifiziert. Es gibt jedoch auch FiL-Mitglieder, die dieses Zertifikat nicht besitzen. Sie können trotzdem gute Arbeit leisten; fragen Sie einfach nach ihrer Ausbildung. Eine Therapeutenliste sowie weitere Informationen zum FiL können Sie im Internet unter www.lerntherapie-fil.de einsehen.

Verbraucherberatung im Bildungsbereich

Wer vor der Entscheidung steht, einen Vertrag mit einem Therapieinstitut abzuschließen, der hohe Kosten über einen längeren Zeitraum bedeutet, hat die Möglichkeit der Verbraucherberatung durch einen speziellen Verein, die Aktion Bildungsinformation (ABI) e.V. in Stuttgart. So wie Sie die Verbraucherzentrale bei Kaufverträgen um Rat fragen können, ist die ABI Ihr Ansprechpartner bei Angelegenheiten des freien Bildungsmarktes. Sie hat einen großen Überblick und kann Auskünfte zu Preisen, Kündigungsfristen und Seriosität der meisten Anbieter geben.

Unter den Publikationen der ABI e.V. findet sich ein besonders nützliches Buch (Bechen u. a.), das als «Ratgeber für die Suche nach Hilfe und den Weg zur Selbsthilfe» (Untertitel) in Sachen Lese-Rechtschreib- und auch Rechenschwäche herausgegeben wurde.

Weitere Informationen über Arbeit und Veröffentlichungen der Aktion Bildungsinformation finden Sie im Internet unter www.abi-ev.de

Anhang

Literatur

Peter Bechen, Werner Kinzinger, Suse Seger: LRS-Ratgeber für Eltern. Lese-Rechtschreib- und Rechenschwäche. Ratgeber für die Suche nach Hilfe und den Weg zur Selbsthilfe, aktualisierte und erweiterte Neuauflage, Stuttgart (Aktion Bildungsinformation e.V.) 2003

Hans Brügelmann / Erika Brinkmann: Die Schrift erfinden – Beobachtungshilfen und methodische Ideen für einen offenen Anfangsunterricht im Lesen und Schreiben, CH-Lengwil (Libelle) 1998

Thomas Gordon: Familienkonferenz. Die Lösung von Konflikten zwischen Eltern und Kind, München (Heyne) 1989

Dr. Jochen Klein / Detlef Träbert: Wenn es mit dem Lernen nicht klappt. Schluss mit Schulproblemen und Familienstress, Reinbek (rororo 60963), 2. Aufl. 2002

Dieter Krowatschek: Marburger Konzentrationstraining, Dortmund (borgmann publishing) 1994 (Neuauflage in zwei Ausgaben in Vorbereitung für Kindergarten- und Vorschulkinder sowie für Schulkinder)

Sebastian Leitner: So lernt man lernen. Der Weg zum Erfolg, Freiburg (Herder), 12. Aufl. 2003

Hans-Joachim Michel (Hrsg.): FRESCH – Freiburger Rechtschreibschule. Grundlagen, Diagnosemöglichkeiten, praktische Übungen zum Thema LRS, Lichtenau (AOL), 3. Aufl. 2002

Hiltraud Prem: Eine vergnügte Ballonfahrt ins Leseland. Eine kindgerechte Erstleselernmethode ausgearbeitet als Anleitung für Lehrer und Eltern, München (Grafenstein), 7. Aufl. 1999

Dorothea Sina: Förderung der Rechtschreibkompetenz einer Kleingruppe im dritten Schuljahr mit Hilfe des Konzepts von Detlef Träbert. Schriftliche Hausarbeit zur Zweiten Staatsprüfung für das Lehramt für die Primarstufe, Studienseminar Siegburg 2000

Kurt Singer: Ohne Noten lieber lernen und mehr leisten. Broschüre, München (Aktion Humane Schule Bayern) o. J.

Ingeborg Wagner: Aufmerksamkeitstraining mit impulsiven Kindern, Eschborn (Verlag Dietmar Klotz), 8. Aufl. 2001

Materialien

Lesekasten-Bezugsquelle

VLS-Verlag
Verlag für Lehrmittel und pädagogische Spielwaren
Von-Ketteler-Straße 12
97447 Gerolzhofen
Tel.: 09382/9953-3
Fax: 09382/9953-4
www.vls-verlag.de

Der Ballreifen «rolling»

Der «rolling» ist ein sportmedizinisches Bewegungsgerät der Firma Jungmann KG (www.juwa.de). Es besteht aus einem Plastikreifen von ca. 47 cm Durchmesser, der innen als Laufschiene für einen weichen Moosgummi-Ball gestaltet ist. Man legt den Ball in die Laufschiene ein, fasst den Reifen links und rechts außen mit beiden Händen an und bringt den Ball durch Schaukeln des «rolling» in Bewegung. Bei genügend Schwung kann man den Ball mit kreisenden Bewegungen in schnellen Umlauf versetzen.

Über diese Grundübung hinaus lassen sich mit dem «rolling» die verschiedensten Geschicklichkeitsübungen mit unterschiedlichen Schwierigkeitsgraden ausführen: einhändige Handhabung; Ball im «rolling» anhalten lassen, ohne dass er herausfällt; während des Ballkreisens ein Bein, einen Arm oder den Kopf durchstecken und vieles mehr. Wegen dieser Differenzierungsmöglichkeiten ist der «rolling» sowohl für Schulanfänger als auch für Jugendliche und Erwachsene ein attraktives Übungsgerät für motorische Koordination und Konzentration.

Die «liegende Acht» als Kugelbahn

Die Kugelbahn besteht aus unbehandeltem Erlenholz, ist 56x23 cm groß und wird mit zwei unterschiedlich dicken Stahlkugeln in einem Leinensäckchen ausgeliefert. Griffmulden an den beiden Enden des Brettes erleichtern die Handhabung.

Sie ist beidseitig bespielbar; die Laufrillen der beiden Seiten sind unterschiedlich breit und tief und stellen damit unterschiedlich hohe Anforderungen an Geschicklichkeit, Geduld und Konzentration, wenn man die Kugel (stets von der Mitte aus nach oben beginnend!) laufen lässt.

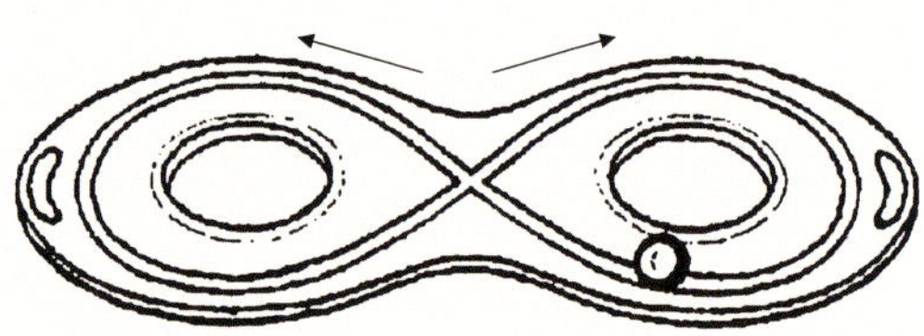

Um die beiden kreisrunden Löcher des Brettes sind ebenfalls Laufrillen eingefräst. Dadurch kann man die Kugel sowohl über Kreuz als auch einseitig («homolateral») laufen lassen.

Die Kugelbahn dient mehreren Zwecken gleichzeitig:

- *Konzentrationsförderung:* Das In-Bewegung-Versetzen einer Kugel und vor allem ihr In-Bewegung-Halten stellen ein Funktionstraining für Konzentration dar.
- *Motorische Geschicklichkeit:* Beide Hände müssen das Brett gemeinsam und koordiniert in allen drei Dimensionen des Raumes steuern: rechts – links, vorne – hinten, oben – unten. Wer die Geschicklichkeit noch mehr üben möchte, kann versuchen, die Kugelbahn einhändig zu benutzen: in der Brettmitte anfassen und jede Hand mal ausprobieren. Weitere Möglichkeiten bestehen darin, das Brett im Sitzen auf die Oberschenkel oder auch auf die Füße zu legen und so die Kugel zu steuern. Wenn die Hände immer wieder zum Brett zucken, kann man sie hinter dem Rücken falten.
- *«Integration» der beiden Gehirnhälften:* Die Kugelbahn aktiviert beide Gehirnhälften durch den Über-Kreuz-Lauf der Kugel und die steuernden Bewegungen der beiden Hände. Wer die Kugel eine Minute über Kreuz laufen lässt, dann je 30 Sekunden um die beiden Kreise herum und abschließend wieder eine Minute über Kreuz, der hat sowohl beide Gehirnhälften einzeln angeregt als auch ihre «Integration».
- *Entspannung:* Je geschickter man in der Handhabung ist, desto rascher kann man in einen meditativen, tranceartigen Zustand gelangen, der tiefe Entspannung und Regeneration bewirkt. Eine kleine Hausaufgaben-Pause mit der liegenden Acht alle 10–15 oder auch 20–30 Minuten (je nach Alter und Ausdauer) verkürzt die Gesamtarbeitszeit, verbessert die Konzentration und verringert die Fehlerquote!

Dieses Holzspielzeug ist mit dem Gütesiegel «spiel gut» ausgezeichnet worden.

Bezugsquelle:

träbert pädagogische materialien
Merheimer Str. 484
50735 Köln
Tel.: 02 21 / 9 74 32 – 97, Fax: – 98
E-Mail: traebert@schubs.info
Internet: www.traebert-materialien.de

Stehpult und Alternativen

Die Höhe der Arbeitsplatte richtet sich beim Stehpult genauso wie beim Schreibtisch nach dem Unterarm des Schreibers: Die Ellbogenspitze soll sich in der Schreibhaltung etwa in Höhe der Arbeitsplattenkante oder minimal darunter befinden, damit der Unterarm aufliegen kann und so das Handgelenk entlastet. Wenn die Arbeitsplatte zu niedrig liegt, wird die Schreibhand rasch ermüden und verkrampfen. Stehpulte für Kinder sollten also nach Möglichkeit höhenverstellbar sein.

Eine um 10 bis 16 Grad geneigte Arbeitsplatte schont sowohl den Rücken, weil man aufrecht vor dem Pult steht, als auch die Augen, weil der Blick fast senkrecht auf die Arbeitsfläche fallen kann. So werden optische Verzerrungen vermieden, und der Kontrast ist optimal.

Wichtig: Weder zu lange stehen noch zu lange sitzen! 20 Minuten am Stehpult sind genug, dann ist ein Wechsel der Körperhaltung angebracht.

- Unter http://haus.de finden Sie die Fax-Nummer, mit der Sie eine achtseitige Stehpult-Bauanleitung abrufen können.
- In den OBI-Baumärkten erhalten Sie ebenfalls einen Bauplan, sogar mit Varianten.
- Geschickte Heimwerker können auch ohne Plan leicht eine passende Platte (ca. 60 cm tief) aus dem Baumarkt in ein Regal einbauen. Ideal dafür: IVAR-Regalsystem von IKEA.
- Das preiswerteste Stehpult ist zwar ein Provisorium, aber gut geeignet, um auszuprobieren, ob Ihr Kind im Stehen gut schreiben kann: Ihr Bügelbrett!

Dank

Schreibtisch und *Stühle* für die Fotos wurden von der Firma

Conen Produkte GmbH & Co. KG
Gerd Conen
Conenstr. 4
54497 Gonzerath
Tel.: 06553/75200
zur Verfügung gestellt.

Das *Sitzmobil* von der Firma

Löffler Bürositzmöbel GmbH
Rosenstr. 8
91244 Reichenschwand
Tel.: 09151/830080

Der Autor

Mehr Menschlichkeit in der Schule zu verwirklichen, das ist seine Lebensaufgabe. Detlef Träbert, Bundesvorsitzender der Aktion Humane Schule e.V., war 18 Jahre lang Lehrer und Beratungslehrer im Schuldienst des Landes Baden-Württemberg. Nach dem Diplom-Aufbaustudium Erziehungswissenschaft machte er sich 1996 selbständig und gründete «Schubs». Der Name ist Programm: ein Schulberatungsservice für Beratung, Eltern- und Lehrerfortbildung sowie Vorträge, um Anstöße bei Schulproblemen zu geben. Themenschwerpunkte sind Lernschwierigkeiten und Lernförderung, Gewalt in der Schule und Elternarbeit.

Detlef Träbert schreibt regelmäßig für spielen & lernen, Cornelsen online und zahlreiche Familienredaktionen. Seit Januar 1998 ist er Herausgeber der Loseblattsammlung «Erfolgreiche Elternarbeit in der Schule» (Kognos Verlag Augsburg). Bei Rowohlt in der Reihe «Mit Kindern leben» sind erschienen: «Starke Eltern – erfolgreiche Schüler. Reizthema Hausaufgaben – Effektiv helfen – Was tun bei null Bock?» (rororo 61705) und «Wenn es mit dem Lernen nicht klappt» (zusammen mit Jochen Klein; rororo 60963).

Kontakt: «Schubs»-Schulberatungsservice, Merheimer Str. 484, 50735 Köln, Tel.: 02 21 / 9 74 32–97, Fax: –98, E-Mail: info@schulberatungsservice.de, Internet: www.schulberatungsservice.de